욱하는 성질
죽이기

욱하는 성질 죽이기

에디션 1쇄 인쇄 | 2025년 1월 20일
에디션 1쇄 발행 | 2025년 2월 5일

지은이 | 로널드 T.포터-에프론 **옮긴이** | 전승로 **펴낸이** | 전영화 **펴낸곳** | 다연
주소 | 경기도 고양시 덕양구 의장로 114, 더하이브 A타워 1011호
전화 | 070-8700-8767 **팩스** | (031) 814-8769 **이메일** | dayeonbook@naver.com
본문 | 미토스 **표지** | ⑱

ⓒ 다연

ISBN 979-11-90456-62-3 (03320)

※ 잘못 만들어진 책은 구입처에서 교환 가능합니다.

욱하는성질 죽이기

로널드 T.포터·에프론 지음 | 전승로 옮김

A Step-by-Step Guide to Overcoming Explosive Anger

다연
DAYEONBOOK

내게 끊임없이 도움을 주고 격려를 해준

아내 패트리샤 포터 에프론에게 깊은 감사와 사랑으로

이 책을 바친다.

감사의 글

먼저 세심하면서 사려 깊은 태도로 이 책을 편집해준 편집자 브래디 칸에게 감사를 표한다. 또한 매트 맥카이, 캐서린 서커에게도 고마움을 전하며, 또한 그 밖에 '분노'에 관한 나의 글을 늘 지지해주는 뉴하빙거 출판사에서 일하는 많은 전문가께도 감사드린다.

무엇보다 자신들의 분노 경험(비폭발 분노 경험, 부분적 분노 경험)을 들려주며 인터뷰를 허락해준 많은 분에게 감사드린다. 그들의 열린 태도는 내가 '분노'라는 현상을 더욱 잘 이해할 수 있게 도와주었다.

마지막으로 이 책의 초본을 읽어준 찰스 슈필버거, 리처드 파이퍼, 팻 포터-에프론, 데이브 맥콰리, 마리 맥다드, 리치 다울링, 린다 클릿즈키, 알렉스 로즈브러그에게 진심으로 고마움을 전한다. 그들이 좋은 의견을 주었기에 더욱 뚜렷하고 의미 있는 글을 쓸 수 있었다.

이들 대부분은 뉴욕에 위치한 국립분노관리협회(National Anger Management Association)나 위스콘신 주의 오클레어에 위치한 First Things First 카운슬링센터에 종사하고 있다.

contents

chapter 1

RAGE

분노란 무엇인가

자신도 모르게 폭발하는 성질

사람들은 종종 무섭고 이상한 일을 경험한다. 때로는 마치 육체와 뇌가 없는 것처럼 행동에 대한 통제력을 잃기도 하고, 훗날 반드시 후회할 말들을 자신도 모르게 내뱉곤 한다. 이러한 상황을 보다 이해하기 쉽도록, '화'를 억누르지 못하는 네 명의 사례를 소개하겠다.

라일, 어린 시절 아버지로부터 아동학대를 당했던 남자

라일은 8세 때 아버지의 손에 거의 죽을 뻔한 경험이 있다. 깜빡 잊고 난로에 넣을 땔감을 쌓아놓지 않았는데, 집에 돌아온 아버지는 라일이 일을 해놓지 않은 걸 보고 머리가 깨져 기절할 때까지 라일을 폭행하였다. 라일의 어머니가 그를 병원에 데리고 갔고 그녀는 의사에게 라일이 넘어져서 머리가 깨졌다고 거짓말을 했다.

그 사건 이후 라일은 달라졌다. 성미가 사나워졌고 드러내놓고 아버지를 증오했다. 라일이 16세 되던 해, 라일은 성인이 되었고 판세는 뒤집어졌다.

어느 날 결국 라일은 완전히 이성을 잃었다. 무슨 일이 일어났는지 본인도 제대로 기억하지 못했다. 그의 여동생은 내게 "오빠가 완전히 이성을 잃고 아버지에게 미친 듯이 소리 지르다 마구잡이로 달려들었다"고 말했다. 라일이 아버지를 바닥에 넘어뜨린 채 마구 발길질을 하는 등 '인정사정없이' 아버지를 두들겨 팼다는 것이다.

문제는 여기부터다. 라일은 이제 30세의 어른이지만 아직도 감정 조절을 못해 자주 그리고 아주 무섭게 화를 낸다. 그런 다음에는 자신이 언제 그랬냐는 듯 기억을 못한다. 16세 때 처음 그랬던 것처럼 전혀 기억에 없다고 한다. 라일은 이러다 언젠가 자신이 살인까지 저지르는 건 아닐까 두려워한다. 하루속히 도움을 받지 않는다면 정말 자신의 걱정대로 살인자가 될 수도 있다.

브렌다, 모든 사람에게 무시당하며 사는 여자

브렌다는 늘 있는 듯 없는 듯한 여성이다. 조용하고 착하지만 특별한 면이 없는, 눈에 잘 띄지 않는 존재였다. 오늘도 브렌다는 회사에서 자신이 제시한 좋은 의견을 상사가 농담 반 진담 반으로 무시하는데도 웃고만 있다. 파티에서 남편이 노골적으로 다른 여자를 넘보는데도 아무렇지 않은 듯 보였다.

그러나 사실 브렌다는 속으로 무척 분노하고 있었다. 실제로 브렌다는 한 달에 한 번씩 갑작스럽게 폭발하곤 하는데, 이때 그녀가 쏟아내는 욕설은 상상을 초월한다. 그녀가 브렌다라는 사실이 도저히 믿기지 않을 정도이다. 브렌다의 의지대로 말을 하는 게 아니라 입에서 욕이 스스로 튀어나오는 것처럼 보인다. 브렌다의 모습은 마치 딴사람이 말을 하는 것처럼 너무도 낯설다.

리카르도, 쉽게 마음이 상하는 자존심 강한 남자

리카르도는 성실하고 사람 좋은 회사원이지만 안타깝게도 자의식이 매우 약하다. 스스로는 성공적인 삶을 살고 있다고 믿고 싶어 하지만, 한편으로는 자신이 실패한 삶을 살고 있는 건 아닐까 두려워한다. 며칠 전 그의 상사가 그에게 일부 서류작업을 다시 하라고 시키자 리카르도는 그만 욱하고 분노를 터뜨렸다.

"네까짓 뚱땡이가 뭔데 나한테 이래라저래라 하는 거야?"라며 상사에게 마구 소리를 질렀다. 얼마나 심하게 화를 냈는지 결국 경비 두 명이 와서 리카르도를 사무실 밖으로 끌어내야 했다. 과거에 이미 여러 차례 그랬던 것처럼 리카르도는 그날로 해고되었다. 그날 밤 리카르도는 울면서 아내에게 말했다.

"나를 무시하는 건 참을 수 없어! 참아야 한다고 마음속으로 아무리 외쳐도 도저히 못 참겠어. 그냥 돌변해버려, 완전히 미친 사람처럼 되어버리는 내 자신을 나도 어쩌지 못하겠어."

샤렐, 버림받을까 봐 늘 불안한 여자

"남자친구가 너무 가까워진 것 같다고 시간을 두고 다시 생각해보자고 하더군요. 그 말을 듣는 순간 치솟는 분노를 참지 못해 꽃병을 던져버렸죠."

샤렐은 사랑하는 사람이 생기면 그에게 지나치게 집착하다 못해 자신을 잃곤 한다. 질투도 무척 심해서 남자친구가 다른 여자를 힐끗 쳐다보기만 해도 길길이 날뛴다. 샤렐의 가장 큰 두려움은 버림받는 것이다. 그 두려움은 샤렐이 겨우 다섯 살 때 어머니가 돌아가시고 몇 년 후 아버지마저 사라져버린 데서 시작된 것으로 보인다.

샤렐은 사랑하는 남자친구가 조금이라도 거리를 두려는 기색을 보이면 즉시 패닉상태가 되어 미친 듯이 흐느끼며 온몸을 부들부들 떨곤 한다. 언젠가 한번은 분노에 차서 남자친구의 심장에 총을 겨눈 적도 있었다. 그러나 샤렐은 분노에 찼을 때 자신이 했던 행동을 잘 기억하지 못한다.

라일, 브렌다, 리카르도, 샤렐은 모두 욱하는 성질 때문에 고통받고 있다. 아마 이 책을 읽는 독자 중에도 그런 사람이 있을 것이다. 폭발적인 분노라는 이해하기 힘든 상황은 주체할 수 없는 분노와 동시에 부분적으로 혹은 완전하게 이상적인 수준의 인지력, 자의식, 행동조절 능력을 상실했을 때 일어난다. 이러한 증상으로 고통받는 사람은 어느 순간 완전히 자기 자신을 잃고 딴사람으로 변한다.

나의 고객 중 한 사람은 언젠가 운전을 하다 자신의 차에서 뛰쳐나가 자신을 모욕한 다른 운전자를 두들겨 팬 일에 대해 이렇게 말했다.

"그때 차에서 내린 건 다른 사람이었습니다. 제가 아니었어요."

갈수록 커져가는 현대병

오늘날 욱하고 치미는 성질을 조절하지 못해 고민하는 사람들이 무척 많다.

작가이자 심리학자인 존 레이테이는 폭발적 분노에 대한 자신의 저서에서 '평범한 사람들 중에서도 다섯 명 중 한 명이 통제 불가능한 분노를 경험한다'고 말했다. 그렇다고 전세계 인구의 20퍼센트가 상습적으로 살인을 저지를 만큼 심각한 분노를 보인다는 것은 아니지만, 이는 곧 많은 사람이 때때로 분노를 참지 못해 나중에 후회할 말이나 행동을 하고 있음을 나타낸다. 이런 증상을 보이는 사람들은 분노를 주체하지 못하고 폭발하는 자신이 정말 싫지만 일단 분노가 치밀면 자신을 통제할 수 없다고 말한다.

나는 위스콘신 주 오클레어에서 임상심리학자로 일하고 있다. 오클레어는 인구가 겨우 6만 명밖에 되지 않는 한적한 도시로, 가족 중심적이며 신앙심이 깊은 데다가 조용한 곳이다. 오클레어에는 얼치기는 있을지 몰라도 이렇다 할 폭력 조직도 없다. 그래서 이 소박한 도시에는 분노하는 사람이 드물 것처럼 보이지만 실상은 다르다. 내 담당 파일에는 빽빽 소리 지르는 성질 급한 돌발성 분노와, 오랫동안 혼자 꽁해 있는 잠재적 분노를 동시에 나타내는 사람들로 가득하다. 버림받음에서 비롯된 분노는 일상적이라고 할 만큼 많다.

요즘 많은 나라에서는 헤어진 커플들이 이미 사회적인 문제점으로 얘기되고 있다. 또한 경제 불황으로 인한 정리 해고 때문에 근로자들

사이에서 체념성 분노가 늘고 있다. 특히 이곳 오클레어에는 엄청난 수치심을 안고 사는 사람들이 지나치게 많다. 이들은 아주 작은 비난에도 매우 분노한다.

안타깝게도 오늘날 세계 곳곳의 많은 사람이 극심한 트라우마를 안고 살아간다. 이들에게 남은 것은 삶에 대한 공포와 방어적인 태도뿐이다.

나는 레이테이가 발표한 수치가 맞을 것이라고 생각한다. 아마 전체 인구의 20퍼센트가 적어도 주기적으로 분노를 표출하고 있을 것이다. 분노는 이미 세계의 많은 나라가 안고 있는 중대한 문제점이다.

우리는 왜 분노하는가

극심한 분노를 경험한 적이 있다

"분노를 참을 수 없다!"

이것은 욱하는 성질을 못 참고 폭발했던 사람이라면 누구나 느껴본 감정이다. 그렇다면 왜 분노를 참을 수 없을까? 지나침이 도를 넘어설 때는 언제일까?

이러한 질문에 대해 여러 가지 답이 있겠지만, 먼저 한 가지를 들어보겠다. 모든 인간이 감정을 담아두는 그릇을 가지고 있다고 상상해보자. 이 그릇에는 우리 마음속에서 일어나는 여러 가지 격한 감정을 담아둘 수 있어야 한다. 예를 들어, 화가 날 때마다 그릇 안에 분노를 담는 것이다. 그런데 이 그릇은 풍선에 가깝다. 화가 나지 않았을 때 풍선은 수축한다. 그러다 화가 나면 풍선은 팽창한다. 그런데 이성이 남아 있는 정도에서만 화를 낼 수 있도록 딱 그만큼만 늘어난다.

어떤 사람들은 잘 늘어나는 풍선을 타고난다. 그래서 쉽게 화를 내곤 한다. 이들의 풍선은 끝도 없이 늘어날 것처럼 보인다. 하지만 대부분의 사람은 그렇지 못하다. 화를 낼 수 있는 한계가 있으며, 그 한계를 넘어서면 풍선은 금방이라도 찢어질 것처럼 얇아진다.

끝도 없이 늘어나는 풍선은 없다. 언젠가는 한계에 도달하게 된다. 감정을 담는 풍선이 꽉 차는 것이다. 그래도 아직 풀지 못한 화가 있다면 풍선 안에 얼마나 더 감정을 욱여넣을 수 있을까? 풍선은 언젠가는 터지게 되어 있다.

다른 비유를 들어보자. 며칠째 계속 비가 내리고 있다고 상상해보자. 빗물은 시내와 강으로 쏟아지고, 강은 금방이라도 땅을 집어삼킬 듯 출렁인다. 물을 가두고 있는 것은 댐 하나뿐인데 과연 그 댐이 홍수를 막을 수 있을까? 물이 화를 상징한다면 답은 보통은 '막을 수 있다'이다. 방수로를 얼마간 열어야(휴식시간을 갖거나 적당히 단호한 태도를 취한다거나 다른 분노 관리 방식을 사용한다) 하겠지만, 댐은 엄청난 압력을 견딜 수 있도록 지어졌다. 세기에 한 번 있을까 말까 한 홍수가 와야 댐을 뚫을 수 있을 것이다.

감정을 담는 풍선이 터지거나 댐이 뚫리는 시기는, 내가 과도한 분노(excessive anger)라고 규정한 상태와 같다. 이것은 여러 가지 부정적인 변화를 촉발하는 감정적 과부하 상태라고 할 수 있다. 이 가운데 가장 문제가 될 수 있는 세 가지 변화를 살펴보자.

이성적 인식의 완전 상실 혹은 부분 상실

라일은 욱하는 성질이 터졌을 때 자신이 한 말이나 행동을 전혀 기억하지 못한다고 말했다. 이는 분노를 표출하는 사람에게는 흔한 경험으로, 그들 대부분은 자신이 한 말이나 행동의 일부를 기억하기는 하지만 일정 시점까지만, 즉 감정을 담는 풍선이 터지기 직전까지만 기억한다. 그 뒤로는 거의 기억하지 못한다. 이러한 기억은 지적이기보다는 감성적이며, 구체적이기보다는 모호하다.

앞서 본 라일은 분노에 따른 일시적 기억상실(rage blackout)을 겪은 것이다. 풍선이 터졌을 때 가장 먼저 영향을 받는 부분은 능동적 의식 기억처럼 뇌에서 상대적으로 더 많이 발달된 부위이다.

정상적인 자기 인식의 완전 상실 혹은 부분 상실

브렌다는 다른 사람이 자신의 몸을 조종하는 것 같다고 말했다. 이것 역시 분노가 있는 사람이라면 흔히 하는 경험이다. 의식이 있어도 스스로 정상이 아니라는 걸 느낀다. 마치 지킬 박사와 하이드 씨가 된 것처럼 무섭고 분노에 가득 찬 다른 존재가 자신의 온몸을 통제하는 느낌을 받는다. 이러한 변화는 부분적으로 짧게 일어날 수도 있지만, 완전하고 장기적으로 일어날 수도 있다.

행동 통제력의 완전 상실 혹은 부분 상실

분노가 폭발했을 때 가장 무서운 것은 행동 조절이 불가능해진다는 점이다. 최악의 경우 실제로 사람을 죽일 수도 있다. 그들은 자신의 것 남의 것 가리지 않고 물건을 부수기도 한다. 다른 때라면 절대로 입 밖에 내지 않았을 끔찍한 말도 한다.

다시 한 번 말하지만, 이러한 행동에 대한 통제력은 다행히도 부분적 혹은 일시적으로만 잃는 것이다. 어떤 사람들은 통제력을 잃었을 때의 파괴적이고 폭력적이며 분노로 가득 찬 자신과, 평상시 모습의 정상적이고 평온한 자신 사이에 싸움이 일어나는 것을 느낀다.

분노는 변신이다

앞서 언급한 모든 이야기를 종합하면 이렇다. 분노는 평상시에 화를 통제하기 위해 사용하는 창구를 이용할 수 없을 때 흔히 발생한다. 대화도 통하지 않고, 설득해도 소용없고, 운동을 해도 풀리지 않고, 타임아웃을 외치기에도 이미 때는 늦었다. 화를 담아놓는 감정 풍선이 이미 한계치를 넘어 폭발한 것이다. 둑은 무너졌다. 그 순간 우리는 완전히 다른 사람으로 돌변한다. 그것이 단 몇 초였다고 해도, 자신만이 느꼈다 해도 분명 '변신'을 한 것이다.

이 순간을 학술 용어로 '해리성 사건(Dissociative Event)'이라고 한다. 그러나 이 용어는 주로 장기적인 자아분열을 겪는 소위 '다중 인격' 증상과 상응하여 사용하기 때문에 여기에서는 가급적 쓰지 않겠다. 물론 다중 인격을 경험하고 있는 사람이 없는 것은 아니다. 그러나 분노의 경우, 그 증상이 상대적으로 짧은 기간에 걸쳐 일어나기 때문에 구별하는 것이다. 분노는 우리의 뇌가 넘치는 화를 주체하지 못할 때 응급조치로 사용하는 방법이다.

풍선이 뻥 하고 터지더라도 일단 응급 상황이 지나면 몇 분 혹은 몇 시간 이내에 평소 성격으로 돌아온다.

'해리성'은 흔히 '블라인드 레이지(Blind Rage)', 즉 맹목적 분노 증상을 나타내는 사람의 경우에만 사용한다. 맹목적 분노는 장시간 주변 정황을 인지하지 못한 채 폭력적인 말이나 행동을 하는 것이다.

서성거린다거나 소리를 지른다거나 위협적인 말을 내뱉는 등, 겉보기에는 주위 상황에 민감하게 반응하는 것처럼 보이지만 사실은 평상시 자신과 전혀 다른 상태이다. 맹목적 분노를 표출한 사람은 나중에 당시의 일을 전혀 기억하지 못하거나 극히 일부분만 기억한다. 마치 뇌가 자신의 행동과 자신의 행동을 인지하는 회로를 차단한 것처럼 말이다.

이런 현상이 왜 일어나는지에 대해 지금까지 정확한 답은 없다. 그러나 현재로서는 우리 뇌가 극도의 스트레스나 위협을 인지했을 때 나타나는 자기방어의 일환이라는 가설이 가장 지배적이다. 뇌는 살아남기 위해 필요하다면 우리를 가로막는 모든 것을 파괴하라는 명령을 본능적으로 내리는 것이다.

"지금은 한가하게 생각이나 하고 있을 때가 아니야. 즉시 행동으로 옮겨야 해. 싸워라, 어쩔 수 없는 상황이라면 살인도 감행하라."

맹목적 분노는 욱하는 성질을 가진 사람들이 경험하게 되는 가장 강도 높은 변화로, 실로 강력한 분열증이라고 할 수 있다. 어떤 면에서는 간질 발작과 비슷하지만 정확히 일치하지는 않는다.

맹목적 분노는 거의 죽을 뻔했던 경험이 있다거나, 성폭행 같은 목숨을 위협받았던 경험이 있는 사람이 그 트라우마를 어떻게 억누르느냐와 연관이 있다.

맹목적 분노는 알코올의존자나 약물의존자가 경험하는 일시적 기억상실과는 다르다. 알코올의존자가 부분적으로 기억을 잃는 것은 감정적으로 견디기 힘든 사건이 발생해서 일어나는 것이 아니다. 물론 일부 사람의 경우, 알코올이나 감정 변화를 일으키는 다른 화학물질을 섭취할 경우 맹목적 분노 현상이 더 쉽게 일어나는 것이 사실이다. 그러므로 자신이 욱하는 성질이라면 앞서 언급한 물질은 섭취하지 않도록 주의해야 한다.

분노의 또 다른 특징

극심한 분노를 참지 못해 폭발하면 흔히 자신을 완전히 잃고 주위를 인지하지 못하는 등 성격이 180도 달라진 자신의 행동을 통제하지 못하게 된다. 이 밖에도 아래와 같은 측면이 있다.

- 그 어떤 분노보다 '총체적 분노(Total rage)'가 훨씬 강력하다.
- 분노는 아무 예고 없이 급격히 발생할 수 있다.
- 분노는 천천히 수동적으로 발생할 수 있다.
- 네 가지 위협적인 상황 때문에 욱하는 성질이 폭발할 수 있다.
- 위협에 대한 잘못된 인식은 과장된 행동을 초래할 수 있다.

다음 장에서는 앞서 언급한 욱하는 성질, 즉 분노의 다양한 측면을 살펴보겠다.

총체적 분노

총체적 분노는 그 어떤 화나 분노보다 강력한 극단적 사태이다. '화' 혹은 '분노'라는 말로 그때의 경험을 표현하기에는 역부족이다. 분노가 치민 사람에게 화가 났다고 말하는 것은 엄청난 토네이도를 가리켜 폭풍이라고 하는 것과 같다. 그냥 화가 난 정도가 아니라 분노로 펄펄 뛰고 있는 상황이다.

총체적 분노는 몰아치는 분노의 폭풍, 복수의 칼날을 품은 초강력 태풍과 같다. 이 같은 분노는 한 사람의 몸과 마음을 총체적으로 바꿔 잠재적으로 파괴를 일삼는 위협적인 인물로 만들 수 있다.

욱하는 성질은 육체를 좀먹는 일이기도 하다. 심장은 쿵쾅쿵쾅 세차게 뛰고, 꽉 쥔 주먹은 손이 피투성이가 되도록 책상을 내려친다. 목소리는 평상시보다 높아지고 다리는 후들후들 떨린다. 혈압의 급격한 상승으로 눈에 있는 모세혈관이 확장되어 말 그대로 세상이 빨갛게 보이는 사람도 있다.

화가 난 사람과는 대화가 가능하다. 아무리 화가 났어도 진정시킬 수 있고, 적어도 말은 통하기 때문이다. 하지만 총체적 분노를 겪고 있는 사람에게는 말을 해도 소용이 없다

흔히 욱하는 성질이 폭발하면 자신만의 세계에 빠지고 만다. 주위에서 뭐라고 하든 전혀 귀에 들리지 않거나 듣더라도 의미를 완전히 왜곡하여 이해한다. 누군가 "제발, 진정해"라고 말을 해도 "너 또 다시 날 조종하려는 거지?"로 받아들이고, "사랑해"라는 말도 "널 증오해"라는 말로 듣는다.

하지만 그 순간이 지나 몇 시간 혹은 하루 정도 시간이 흐르면 엄청난 죄책감과 후회가 밀려든다. 욱하고 성질을 낸 사람은 "내가 그때 뭐에 홀렸나 봐", "정말 미안해. 널 겁주려고 한 건 아니었어. 일부러 때린 건 아니야. 다시는 안 그럴게. 제발 용서해줘"라며 사과한다.

여기서 유의할 점은, 모든 분노가 총체적 분노는 아니라는 것이다. 상대적으로 덜 위협적이거나 약한 분노도 있다. 부분적인 분노나 약한 수준의 분노에 대해서는 이 장 끝부분에 다루도록 하겠다. 먼저 욱하는 성질의 여섯 가지 종류를 살펴보자.

1. 돌발성 분노

지킬 박사는 평소 아무렇지 않다가 갑자기 하이드 씨, 즉 무서운 성격으로 돌변하곤 한다. 한마디로 위협적이다. 이것은 욱하는 성질을 가진 사람들을 나타내는 말이다. 당신이 만일 이러한 행동을 보인다면 갑작스런 분노, 즉 돌발성 분노(Sudden Rage)를 겪고 있는 것이다. 돌발성 분노란, 갑자기 예기치 않게 성격이 돌변할 정도로 화가 치밀어 감정이나 생각, 행동을 전혀 통제하지 못하거나 혹은 일부밖에 통제하지 못하는 상황이다.

돌발성 분노는 무의식중에 일어난다. 그렇다고 늘 갑자기 나타나는 것은 아니고 몸에서 경고 신호를 보내는 경우도 있다. 예를 들어 좋지 않은 느낌이 들거나, 곧 패닉 상태에 빠질 것 같은 느낌을 받을 수 있다. 이런 경고 신호는 무척 도움이 된다. 욱하고 분노하기 전에 사람들에게서 벗어난다거나 여유 있는 시간을 보낸다거나, 적절한 약물치료를 받거나 운동을 하거나 화를 가라앉히도록 도움을 줄 만한 사람과 대화를 나눌 수 있기 때문이다.

그러나 보통은 아무 신호나 경고 없이 화가 폭발한다. 신호는커녕 다른 사람들에게는 대수롭지 않은 사건에 자신만 욱해서 이성을 잃고 악을 쓰며 상대방을 위협하고 억압하며 공격한다. 마치 폭주하는 기관차처럼 엄청난 속도로 보통 수준의 화를 넘어 폭발한다. 아무것도 들리지 않기 때문에 그 어떤 말로도 진정될 수 없으며, 넘치는 분을 모두 소진할 때까지 스스로를 제어할 수 없다.

이러한 돌발성 분노는 3장에서 다루겠다.

2. 잠재적 분노

분노가 항상 특정 사건에 대해 즉각적인 반작용으로 나타나는 것은 아니다. 때로는 자신이 불공평하다고 느끼는 상황에 대한 반응으로 천천히 누적되기도 한다. 이 같은 화는 이성이라는 장막 아래에서 수년 간 용암처럼 이글거리고 있다가 결국 바깥으로 분출되며, 이를 잠재적 분노(Seething Rage)라고 한다.

특정 개인 혹은 자신에게 피해를 주었다고 생각하는 모임이나 집단을 향해 분노가 장기적으로 쌓였을 때, 자신이 불공평하다고 느끼는 상황에 대해 병적인 집착을 보인다. 그리고 가해자 집단에게 도덕적인 분노와 증오를 나타내며 성격 변화를 일으키거나 복수를 하는 상상, 가해자를 계획적으로 습격하는 등의 행동을 한다.

잠재적 분노를 겪고 있는 사람들 대부분은, 자신에게 피해를 준 가해자가 도덕적으로 타락하였으며 폭군이고 악랄하다고 굳게 믿고 있다. 잠재적 분노는 4장에서 더 자세히 살펴보겠다.

3. 생존성 분노

자기 마음대로 분노를 폭발시킬 수는 없다(물론 목적을 이루기 위해 분노를 터뜨리는 척하는 사람은 있을 수 있다). 하지만 욱하고 성질을 낸다는 것은 무척 괴롭고 지치는 일이며 함부로 해서도 안 된다. 욱하는 성질은 흔히 자신의 존재 가치를 결정짓는 특정 부분에 위협이 가해졌을 때 폭발한다.

그렇다면 어떤 위협이 욱하는 성질을 일으킬까? 가장 직접적인 위협이라면 당연히 육체적인 것, 즉 자신이 육체적으로 위험한 상황에 처했을 때 살아남기 위한 대응책으로 발생하는 분노가 있다. 이러한 종류의 화를 '생존성 분노(Survival Rage)'라고 부른다.

4. 체념성 분노

인생을 자기 마음대로 조절할 수 없다거나, 중요한 상황에서 아무런 영향을 미칠 수 없다는 사실(예를 들어, 회사에서 구조조정을 한다고 했을 때 그 결정을 기다리고 있어야만 하는 상황)을 참기 힘들 때 '체념성 분노(Impotent Rage)'라고 한다. 이러한 분노는 하늘에 대고 삿대질을 하며 왜 내 아들을 데려갔냐고 신을 향해 절규하는 아버지의 분노처럼 자신이 아무것도 할 수 없다는 무력감에서 비롯된다.

5. 수치심에서 비롯된 분노

자신이 창피를 당했다거나 비난을 당했거나 모욕을 당했다고 느꼈을 때, 이는 누구나 싫어하는 상황이다. 솔직히 누가 좋아하겠는가? 하지만 상대방이 의도적으로 무시한 것도 아닌데 민감하게 반응하는 사람들이 있다. 이를 '수치심에서 비롯된 분노(Shame-based Rage)'라고 하며 자신을 수치스럽게 만든 사람에게 욕설을 퍼붓는다거나 폭력적인 행동을 한다.

6. 버림받음에서 비롯된 분노

외로움, 초조함, 불안감 등을 잘 견디지 못할 때도 불화가 발생할 수 있다. 예를 들어 예전에 자신과 사귀던 사람이 현재 다른 사람을 사귀고 있는데도 절박하게 그 사람이 돌아오기만을 바라는 경우가 그렇다. 헤어진 사람에게 자신의 애절한 마음을 털어놓으려고 전화를 걸지만, 결국 다시는 꼴도 보기 싫으며 재수 없다고 소리치다 끊게 된다. 그러한 분노를 '버림받음에서 비롯된 분노(Abandonment Rage)'라고 한다.

생존성 분노, 체념성 분노, 수치심에서 비롯된 분노, 버림받음에서 비롯된 분노는 모두 자신에게 꼭 필요하다고 인식되는 것을 얻기 위한 싸움이다. 첫 번째는 신체적인 안전을 지키기 위해서이고, 두 번째는 긴박한 상황 속에서 자신이 중요한 역할을 하고픈 욕구이다. 세 번째는 사회의 구성원으로서 존중받고 싶은 욕구이며, 네 번째는 자신을 아끼고 사랑하는 사람에게 속하고 싶은 욕구이다.

이 네 가지 모두 각각 다른 욕구이지만 '험난한 세상에서 살아남기'라는 같은 배경에서 출발하고 있다.

지금까지 모두 여섯 가지 분노를 살펴보았다. 두 가지는 진전 속도에 따라 돌발성 분노와 잠재적 분노로 나누었고, 네 가지는 위협의 종류에 따라 생존성 분노, 체념성 분노, 수치심에서 비롯된 분노, 버림받음에서 비롯된 분노로 분류하였다. 계속해서 이 여섯 가지 분노에 대한 심도 있는 분석과 그것을 최소화하는 방안을 살펴볼 것이다.

욱하는 성질과 위험에 대한 왜곡된 인식

우리가 인생을 살면서 보이는 여러 가지 반응은 각각 그 의미를 갖고 있다. 심지어 욱하는 성질도 상황에 따라서는 필요한 반응일 수 있다. 가장 단적인 예로, 폭발적인 분노는 목숨이 위험한 상황을 이겨낼 수 있게 도와주기도 한다.

예를 들어, 적이 칼을 들고 공격하는데 생각만 하고 있다면 안 된다("어디보자…… 현재 취할 수 있는 반응으로는 무엇이 있지? 싸울 수도 있고, 도망갈 수도 있고, 또……"). 그럴 시간에 위험에서 벗어나기 위해 아무 행동이라도 취해야 한다. 모든 두뇌활동을 잠시 멈춰놓고 살기 위해 애쓰는 것이 최선이다.

아무리 쉽게 욱하고 분노를 터뜨리는 사람이라 해도 인생을 살면서 자주 생명이 위험한 상황에 놓이는 걸 바라지 않는다. 하지만 그 말은 어쩐지 앞뒤가 맞지 않는다. 분노는 생명에 대해 심각한 위협을 느꼈을 때 일어나는 것인데, 목숨이 위험한 긴박한 상황도 아닌데 분노를 터뜨리는 것은 어찌 된 일일까?

정답은 실제로 이들은 큰 위험이 없는데도 자주 자신이 극심한 위험에 처했다고 믿기 때문이다. 그들은 위험에 대해 왜곡된 인식을 갖고 자신이 시도 때도 없이 비난당하고 있다고 믿는다. 그런 사람들에게 세상은 안전과 안락함이 아닌 적개심과 위험 그리고 언제 공격해 올지 모르는 적으로 둘러싸인 위험천만한 곳으로 인식된다.

그렇다면 이들은 어째서 자신이 항상 위험에 처해 있다고 믿게 되었을까? 아마 인생에서 한 번쯤 정말 목숨이 위험했던 적이 있었거나, 어쩌면 실질적인 경험은 없었어도 세상은 나쁜 사람으로 가득하다는 생각을 머릿속에 주입시킨 부모 밑에서 자랐기 때문일 것이다. 아니면 머리를 약간 다치는 바람에 다른 사람의 의도를 쉽게 오해해서 그럴 수도 있다.

누군가 욱하고 성질을 터뜨릴 때는 이와 같은 즉각적인 위험에 대한 인식이 그 사람의 머릿속을 지배한다. 그러한 때에 "잠깐 쉬면서 털어버려"라는 말은 아무 의미가 없다. 털어버릴 수 있었다면 진작 했을 텐데, 마음대로 되지 않는다.

분노는 점점 더 세차게 타오르고 다른 사람이 하는 말은 도리어 화를 돋울 뿐이다(특히 "정신 차리고 진정하란 말이야" 같은 말은 기름을 붓는 격이다). 그러다 그는 결국 자신의 분노에 완전히 몰입하게 된다. 일단 그 단계에 도달하면 매사를 삐딱하게만 본다.

이 세상에는 자신을 쓰러뜨리려는 적으로 가득하기 때문에 자신을 자기 스스로 보호해야 된다고 믿게 된다. 욱하고 성질을 폭발시킬 때 자신은 적개심으로 가득한 이 세상에서 살아남기 위해 싸워야 한다고 생각한다. 이들의 머릿속에는 위험 요소를 찾아서 없애버려야 한다는 생각만이 존재하는 것이다.

그 결과, 욱하는 성질을 가진 사람들은 생각을 직접 행동으로 옮기게 된다. 분노로 길길이 날뛰고 있을 때 '평정심을 유지하자'라는 좌우명을 지키는 사람은 없다. 아마 그 순간만큼은 좌우명이 '있는 힘껏 지나치게 행동하라!' 쪽에 가까울 것이다. 그래서 갑자기 충동적인 행동을 하고, 잔인한 말을 퍼붓는 것이다. 평상시라면 절대 하지 않았을 행동을 분노가 치밀었을 때는 하게 된다. 그래서 분노를 폭발시키는 것을 변신과 같다고도 말한다.

이들은 나중에 자신이 저지른 모든 일을 부인하고 싶어 할 것이다. 하지만 분명한 사실은, 본인이 그런 짓을 했으며 이제 자신의 행동에 책임을 져야 할 순간이 왔다는 것이다.

부분적 분노와 비폭발 분노

다행히도 모든 분노가 총체적 분노는 아니다. 대부분의 경우 사람들은 욱하고 성질이 치밀었을 때 부분적으로만 이성을 잃는다. 내 환자였던 '험'의 사례를 보자.

험은 어떤 남자와 싸움을 하다 욱하는 성질이 폭발해서 상대방을 바닥에 때려눕혔다고 한다. 그는 "너무 화가 나서 그놈 머리를 발로 차기 일보직전이었어요. 하지만 결국 참았지요"라고 말했다.

대부분의 경우 사람들은 욱하고 화가 나서 폭언을 퍼붓지만 물리적인 폭력을 가하는 경우는 드물며 솔직한 마음으로는 상대방 눈알이 빠개지도록 목을 조르고 싶지만 용케 참는 것이다.

이러한 상황을 '부분적 분노(Partial Rage)'라고 하는데, 욱하고 성질이 폭발했지만 부분적으로나마 상황을 제어할 수 있는 상태이다. 부분적 분노는 물리적으로 폭력을 행사한다기보다는, 말로 폭언을 퍼붓는다거나 사람을 무시하는 방식으로 공격한다. 또한 사람에게 직접 폭력을 행사하기보다는, 물건을 부순다거나 폭력적으로 굴다가도 행동이 지나치다 싶으면 스스로 멈추기도 한다.

욱하고 화가 폭발하는 것을 변신이라고 봤을 때, 부분적 분노의 경우 평상시 자신과 화를 내고 있는 자신 사이에서 갈등하다가 마침내 평상시의 자신이 통제권을 가지면 다시금 안정을 되찾는다. 화가 완전히 풀린 것은 아니지만, 더 이상 분노가 치밀지는 않는다.

대부분의 사람들이 욱하고 성질을 내기 전에 자기 스스로 '참자……'라고 생각하며 화를 억누른 적이 있을 것이다. 이렇게 화가 폭발하던 찰나에 어찌어찌해서 고비를 넘겼을 때를 '비폭발 분노(Near Rage)'라고 부른다.

평범한 중년의 가정주부 앨리가 경험한 일을 예로 들어보자.

하루는 만취한 채 들어온 남편을 보고 앨리는 급속도로 화가 끓어

오르는 걸 느꼈다.

"그이는 거실 바닥에 널브러져 있었고 저는 그이한테 방에 가서 자라고 고래고래 소리를 질렀죠. 하지만 제 말을 아예 듣지도 못하더라고요. 정말로 그이를 마구 때리고 발로 차고 싶었어요. 이러다 이성을 잃겠구나 싶었는데 갑자기 딱 멈췄어요. 어떻게 그랬는지 모르겠지만 욱하는 성질을 딱 멈추고 그이를 거실에 그대로 둔 채 저 혼자 방으로 가서 잤지요."

부분적 분노나 비폭발 분노는 강한 분노와 총체적 분노의 중간 단계로, 때로는 욱하는 성질도 조절할 수 있다는 것을 보여주는 징조이다. 그 말은 곧 '휴식이나 부정적인 생각 대신 편안한 생각 하기' 같은 표준 분노 관리 방법이 욱하고 성질이 폭발했을 때도 효과가 있다는 의미이니, 참 다행스러운 일이다. 이 방법은 분노를 잘 조절하고 어려운 상황에 처했을 때 잘 대처할 수 있게 도와줄 것이다.

분노 때문에 치르는 값비싼 대가

한 남자의 이야기를 예로 들어보겠다.

"이성을 잃었죠. 완전히 제정신이 아니었어요. 먼저 아내에게 그 빌어먹을 입을 닥치라며 마구 소리를 질러댔죠. 그 다음에 아내가 중요한 서류나 물건 따위를 놓는 테이블을 넘어뜨렸어요. 그러고는 아내의 따귀를 때려버렸습니다. 그 순간 제 아이가 911을 불렀고, 이제 아내에 대해 접근 금지 명령이 떨어져 대화도 못 나누게 됐지요. 제가 왜 그런 바보 같은 짓을 했을까요?"

욱하는 성질, 특히 돌발성 분노는 값비싼 대가를 치러야 한다. 사실 어떻게 보면 분노라는 것은 일부 사람만이 누릴 수 있는 사치인 셈이다. 그렇다면 여기서 분노를 조절하지 못했을 때 치르는 대가를 몇 가지 들어보겠다. 눈에 들어오는 낯익은 항목이 있는가?

자유가 제한된다. 감옥, 접근 금지 명령, 법원의 분노 관리 혹은 가정폭력 방지 프로그램 교육 명령은 욱하는 성질이 있는 사람들이 자주 맞이하는 결과이다.

다른 이들에게 정신적 · 육체적 피해를 준다. 다른 사람은 물론 자신이 사랑하고 아껴주고 싶은 사람까지 해친다. 나중에 아무리 죄책감으로 괴로워해도 때늦은 후회일 뿐이다.

인간관계가 깨진다. 결혼, 우정, 가족 관계가 망가진다. 언제 터질지 모르는 시한폭탄 옆에 누가 있고 싶겠는가?

자신과의 약속을 항상 깨뜨린다. 다시는 누군가에게 그런 상처를 주지 않겠다고 맹세하지만 얼마 안 가서 성질이 또 폭발하고 만다.

해고, 정학, 퇴학을 당할 수 있다. 회사나 학교에서 자주 욱하고 성질을 내는 사람은 결국 아무 일도 못하게 된다.

재정적인 압박을 받는다. 망가뜨린 물건을 변상하거나 욱하고 성질이 폭발했을 때 일으킨 사고를 처리하는 데 드는 법적 비용, 그리고 일 못해서 손해 보는 급여 등 재정적인 피해가 크다.

사람들에게 두려움의 대상이 되며 신뢰를 잃는다. 욱하는 성질이 있는 사람들은 자신을 꺼리는 타인의 시선과 자신에 대한 낮은 신뢰 수준을 극복하기 위해 싸워야 한다. 욱하는 성질 때문에 일으킨 사고로 소중한 사람들에게 신뢰받지 못한다거나, 집에 갔을 때 자신의 자녀가 무서워서 방에 숨는다는 걸 깨닫는 것은 무척 마음 아픈 일이다.

집착, 편집증, 고립적인 생활을 하게 된다. 잠재적 분노 증상을 보이는 사람들은 시간이 흐를수록 다른 사람들을 점점 더 의심하게 된다. 자신이 받은 상처 그리고 자신에게 상처를 준 사람에 대해 끊임없이 생각하고, 세상 사람 대부분을 자신의 적이라고 믿으며 편집증세도 점차 그 정도를 더해간다. 그 결과 다른 사람들과 연락을 끊고 고립된 생활을 하지만 그것은 곧 이런저런 것에 대해 홀로 집착할 시간을 더 만들 뿐이다.

자기혐오에 빠진다. 욱하는 성질을 가진 사람들 중 자기감정을 조절하지 못하고 사랑하는 사람들에게 상처만 주는 상황에서 분노를 자신에게 돌려 스스로를 벌주는 사람을 흔히 볼 수 있다. 자신의 얼굴을 할퀴거나, 머리로 벽을 들이받거나, 심지어는 욱하고 성질을 낸 후 부끄러움과 죄책감으로 자살을 생각하기도 한다.

욱하는 성질이 있는 사람이라면 몹시 괴롭고 고통스럽고 잔혹하고도 외로운 삶을 살고 있을 것이다. 주기적으로 이성을 잃는다는 것은 인생 구조와 자신의 존재 자체를 파괴하는 일이다.

일단 분노가 치밀면 어떤 행동을 할지 본인도, 어느 누구도 예측할 수 없다. 언제 분노가 폭발할지 누가 알겠는가? 성질이 폭발했을 때 어떤 일이 벌어지겠는가? 또 어떤 물건이 박살이 나겠는가? 또 누가 다치겠는가? 이번에는 또 누구를 영영 잃게 될까?

대가는 적고 잃는 것은 너무나 큰 이 악순환을 멈춰야 한다. 무엇이든 간에 하루 속히 바뀌어야 한다.

다행히도 욱하는 성질을 고칠 방법이 있다. 분노로 꽉 찬 생각, 감정, 행동을 멈추고 싶다면 이 책이 도움이 될 것이다.

이제 진실의 순간이 다가왔다. 혹시 당신도 우리 인구의 20퍼센트에 달하는 욱하는 성질을 가진 사람 중 하나는 아닌가?

당신은 분노로부터 얼마나 자유로운가?

이 책을 재미로 읽는 사람도 있을 것이고, 욱하는 성질이 있는 사람을 알거나 현재 같이 살고 있거나 혹은 자신도 욱하는 성질이 있는 건 아닌가 걱정해서 이 책을 읽는 사람도 있을 것이다.

만일 본인에게 욱하는 성질이 있고 그것이 고민이라면 다음의 분노유형 판별 진단지에 답해보자. 이 진단지는 자신이 욱하는 성질이 있는지, 있다면 어떤 종류인지를 파악하는 데 도움이 될 것이다.

분노 유형 판별 진단지

주어진 답 가운데 자신과 가장 비슷한 것을 각 문항에 적으시오.

Y 네. 종종 그렇습니다.

N 아니요. 그런 생각이나 행동은 하지 않습니다.

M 잘 모르겠습니다. 이 문장이 내 생각이나 행동과 일치한다고 확신할 수 없습니다.

* 네, 정말 그렇습니다. 매우 심각하고 위험하며 무서운 일입니다.

● 돌발성 분노

1. 화가 급속도로 극심하게 치솟는다. ☐

2. 가끔 너무 화가 나서 행동이나 말을 주체할 수 없다. ☐

3. 사람들은 내가 화가 많이 났을 때 나더러 이상하다, 무섭다 ☐ 혹은 미친 것 같다고 말한다.

4. 화가 많이 났을 때(술이나 약물 때문이 아니라) 기억이 끊겨서 ☐ 내가 했던 말이나 행동이 기억나지 않은 적이 있다.

5. 나는 화가 많이 났을 때 내가 누군가를 심하게 다치게 하거 ☐ 나 죽일까 봐 걱정이 된다.

6. 화가 나면 나는 딴사람이 된 것 같다. ☐

7. 누군가 나를 모욕하거나 협박하면 즉각 화가 치민다. ☐

1-7번 중에 Y 혹은 *로 답한 문항 개수:

8. 예전에 모욕을 당했거나 상처받았던 일을 계속 곱씹는다. ☐

9. 예전에 당했던 모욕 때문에 화났던 게 누그러지거나 풀리기 ☐
   는커녕 시간이 갈수록 더 심해진다.

10. 나는 가끔 나를 다치게 했던 사람들에게 복수하는 강렬한 ☐
    환상에 사로잡힌다.

11. 다른 사람이 나에게 저지른 짓 때문에 그 사람을 증오한 적 ☐
    이 있다.

12. 내가 겉으로 안 드러내서 그렇지 속으로 얼마나 화가 났는 ☐
    지를 알면 사람들은 놀랄 것이다.

13. 사람들이 은근슬쩍 넘어가려는 것을 보면 화가 머리끝까 ☐
    지 난다.

14. 쉽게 용서하지 못한다. ☐

15. 화가 점점 쌓여가지만 다른 사람에게는 아무 말도 하지 않 ☐
    는다.

16. 당한 만큼 갚아주기 위해 남을 고의적으로 다치게 (육체적으 ☐
    로나 말로나) 한다.

8-16번 중에 Y 혹은 *로 답한 문항 개수:

17. 내가 다른 사람과 몸싸움이 났을 때 여러 사람이 달려들어 ☐
   서야 간신히 나를 떼어냈다.

18. 화가 많이 나면 다른 사람을 크게 다치게 하거나 죽이겠다 ☐
   고 협박한다.

19. 나는 곧잘 깜짝 놀란다. 예를 들어, 누가 뒤에서 어깨만 살 ☐
   짝 쳐도 화들짝 놀란다.

20. 화가 나면 마치 내가 살아남기 위해 싸우는 것 같은 기분이 ☐
   든다.

21. 상상 속의 위험에서든 진짜 위험에서든 자신을 지키기 위 ☐
   해 물불을 가리지 않고 분노를 터뜨린 적이 있다.

22. 다른 사람들이 나를 해칠 것이라고 믿는 건 거짓이며 편집 ☐
   증세가 있다는 말을 자주 듣는다.

23. 나는 정말 화가 나면서도 사실은 두려워서 투쟁 도주 반응 ☐
   (Fight or Flight Response. 위기 상황에서 본능적으로 싸울 것인
   지 도망칠 것인지를 결정하는 반응)을 보인다.

17-23번 중에 Y 혹은 *로 답한 문항 개수 :

● 체념성 분노

24. 사람들이 나를 인정하지 않고 내 말을 듣지 않을 때 폭발할 ☐
   것만 같다.

25. 혼자 '더 이상 못 참아'라고 생각한 뒤에 욱하는 성질이 폭 ☐

발한 적이 있다.

26. 내가 통제할 수 없는 상황에 처하면 화가 나고 무기력한 느 ☐
낌이 든다.

27. 내 뜻대로 일이 되지 않으면 물건을 부수고, 바닥을 주먹으 ☐
로 내려치거나 악을 쓴다.

28. 너무 화가 나면 설혹 그게 상황을 악화시키는 일이라고 해 ☐
도 무슨 일이든 해야 직성이 풀린다.

29. 나를 조절할 수 있는 통제권이나 힘이 있는 사람에게 폭력 ☐
을 행사하거나 복수하는 생각을 품은 적이 있다.

24-29번 중에 Y 혹은 *로 답한 문항 개수:

● 수치심에서 비롯된 분노

30. 사람들이 나를 존중하지 않으면 분노가 치민다. ☐

31. 나에게는 내 평판을 지키는 일이 무척 중요하다. ☐

32. 사람들이 나를 바보, 못난이, 무능력자라고 생각할까 봐 ☐
자주 걱정한다.

33. 나는 누군가 내 잘못을 지적했을 때처럼, 창피를 당하면 정 ☐
말 화가 난다.

34. 비판에 지나치게 민감하다는 소리를 자주 듣는다. ☐

35. 사람들이 나를 혹평했다 싶으면 계속 마음에 담아둔다. ☐

36. 사람들이 나를 무시하면 화가 난다. ☐

30-36번 중에 Y 혹은 *로 답한 문항 개수:

● 버림받음에서 비롯된 분노

37. 내가 버림받았거나 배신당했던 때를 생각하면 분노가 치 □
   민다.

38. 질투심이 너무 강해서 괴롭다. □

39. 나를 소위 걱정한다는 사람들이 못 믿을 사람들임을 증명 □
   하기 위해 증거를 찾는다.

40. 사랑하는 사람들로부터 냉대받거나 무시당하면 견딜 수가 □
   없다.

41. 나를 버리고 떠났거나 나를 냉대했던 혹은 배신했던 옛 배 □
   우자 혹은 현 배우자에게 복수하겠다는 생각에 집착한다.

42. 내 배우자나 자녀들이나 친구들이 나를 사랑하고, 챙겨주 □
   고, 관심 가져주는 것보다 내가 주는 게 훨씬 많아서 손해
   보는 기분이 든다.

43. 일단 누군가에게 화가 많이 나면 그 사람이 어떤 따뜻한 말 □
   이나 안심시키는 말을 해도 전혀 받아들이지 못한다.

37-43번 중에 Y 혹은 *로 답한 문항 개수 :

진단 최소한 몇 점 이상이면 화를 조절하는 데 문제 있다고 정해진 것은
없지만 대답 가운데 'Y' 혹은 '*'가 있다면 끓어오르는 화를 조절하는 데
어려움이 있다는 의미이다. 일반적으로 'Y'와 '*'가 많을수록 분노 문제
가 심각하다는 것이며, 어느 특정 유형에서 'Y'와 '*'가 더 많이 나왔다
면 해당 유형의 분노 문제를 갖고 있을 확률이 높다는 의미이다.

분노에 어떻게 대처해야 할까?

욱하고 성질을 내는 일, 즉 쉽게 분노하는 것은 심각한 문제이다. 진단지 결과 그러한 문제가 있다고 판명되었다면 그에 따라 신속히 대처해야 한다.

시작이 반이라고, 지금부터 이 책에 더욱 집중하기를 바란다. 특히 자신의 분노 유형에 대한 장을 꼼꼼히 읽는다면 도움이 될 것이다. 하지만 지금 당신이 궁금한 것은 왜 욱하는 성질, 분노를 터뜨리는가 하는 이유일 것이다.

다음 장에서는 그 점에 대해 알아보자.

chapter 2

RAGE

무엇이
분노를 만드는가

욱하는 성질의 발단

'나는 왜 늘 이런 식일까? 다른 사람은 분노를 안 터뜨리는데 나만
왜 이럴까? 난 태어날 때부터 이랬던 걸까? 내가 어렸을 때 겪은 일 때
문에 이러는 걸까?'

욱하는 성질이 있는 사람이라면 자신에게 이러한 질문을 한번쯤은
해봤을 것이다.

이 질문에 대한 답을 알 수 있다면 욱하는 성질에서 벗어나는 데 한
발짝 나아갈 수 있다. 하지만 문제는 생각만큼 단순하지 않다. 분노의
원인은 무척 다양하기 때문에 누구에게는 원인일 수 있는 것이 다른
사람에게는 아무 의미 없는 요인일 수 있다.

이번 장에서는 뇌의 결함, 심리적 트라우마, 약물 남용, 부모의 잘
못된 본보기, 욱하고 화를 폭발시켰을 때 발생하는 대가와 쾌감, 극심
한 부끄러움이나 버림받았던 기억 등 분노의 가장 보편적인 원인에

대해 살펴보겠다.

여기에 앞서 평범한 유년기와 청소년기 발달 과정이 어떠한지로 분노를 통제하는 방법에 대한 배경지식을 설명하겠다.

생떼와 분노

부모라면 누구나 '어린이나 청소년은 어른보다 화를 못 참는다'는 말에 공감할 것이다. 그렇다면 왜 그럴까? 그것은 뇌에서 충동적으로 일어나는 화를 조절하도록 관장하는 부분이 늦게 발달하기 때문이며 완전히 발달할 때까지 길게는 25년이나 걸리기 때문이다. 특히 우리 이마 쪽에 위치한 전전두엽은 폭력적인 충동을 막거나, 성질을 버럭 내지 않고 넘어갈 수 있도록 대안을 찾는다거나, 다른 사람의 감정 혹은 권리에 대해 윤리적인 측면에서 고려하도록 해준다.

분명한 것은, 평범한 아이라면 종종 울며불며 생떼를 쓰는 게 당연한 것이고, 평범한 청소년이라면 "우리 엄마 아빠는 말도 안 통하고 불공평하기만 한 바보들"이라고 소리를 지르며 방문을 쾅 닫는 게 자연스러운 모습이라는 것이다.

하지만 욱하고 성질이 폭발하는 아이나 청소년은 드물다. 욱하는 성질은 생떼와는 아주 다른 성질의 것이다. 생떼를 쓰는 아이는 이루고자 하는 목적이 있지만 욱해서 성질이 폭발한 아이는 파괴만 생각한다.

대부분의 아이들은 나이가 들면서 점점 화를 잘 다스릴 수 있게 되지만 상대적으로 어려움을 겪는 아이들도 있다. 이러한 아이들은 태어날 때부터 화를 잘 내는 경향이 있으며 스트레스를 받으면 곧잘 속상해하거나 짜증을 낸다.

지미는 어렸을 때부터 극심한 화를 잘 조절하지 못했다. 그는 열 살 때 처음으로 내 진료소를 방문했다. 상담이 거의 끝났을 즈음 지미는 아버지에게 집에 가는 길에 햄버거 가게에 들르자고 말했다. 아버지는 중요한 회의가 있어서 빨리 가야 하므로 햄버거를 먹고 갈 수 없다고 말했다. 아버지의 말이 떨어지기 무섭게 지미는 폭발하고 말았다. 몸을 떨며 악을 쓰고 울고불고했다. 아버지를 죽이고 자신도 따라 죽겠다며 앞뒤가 맞지 않는 말을 쏟아냈다.

그 순간 지미는 딴세상에 있었으며, 누구도 그의 격노를 막을 수 없었다. 아버지가 햄버거를 아무리 많이 사주겠다며 달래도 지미의 화는 누그러지지 않았다. 그 자리에 누가 있건 지미의 치밀어오른 분노가 사그라질 때까지, 즉 25분 동안은 지미와 그 주위에 있는 사람들이 다치지만 않게 돕는 정도가 최선이었다. 그런데 지미는 나중에 아무것도 기억하지 못했다.

또 다른 예로 제프를 살펴보자. 14세 소년 제프는 집에서 종종 분노를 터뜨린다. 아마 집에서는 친구들에게 잘 보이려 애쓸 필요 없이 '편한' 상태로 있기 때문일 것이다. 제프가 분노를 터뜨리는 방식은, 우선 15분에서 한 시간가량 몸이 떨릴 정도의 불안감과 먹먹할 정도의 우울함에 동시에 사로잡히는 것으로 시작된다. 그러다가 결국 갑자기 분노가 폭발하면서 자기 물건은 물론이고 가족들 물건을 닥치는 대로 부수는 식이다. 부모님이 제프를 말리기라도 하면 상황은 더욱 심각해진다. 그러다 차츰 분노가 사그라지면 제프는 몇 시간 동안 잠을 잔다.

어린이 분노에 대한 가장 좋은 설명은 로스 W. 그린의 《고집센 아이 마음을 열어주는 법(The Explosive Child)》, 그리고 드미트리 파팔로스와 재니스 파팔로스의 《The Bipolar Child》라는 두 책에서 찾을 수 있다. 그린은 폭발적인 분노를 가진 어린이는 상대적으로 사고의 유연성이 떨어져 새로운 상황에 잘 적응하지 못하며, 욕구가 충족되지 못했을 때 잘 참지 못하고, 사회 적응력이 떨어지며, 성격이 급하고 높은 불안감을 나타낸다고 설명한다. 욱하는 성질이 있는 아이들은 한발 앞서 생각하거나 문제점을 이해하는 데 어려움을 겪으며 감각 통합능력이 떨어지기 때문에 각기 다른 감각 정보를 하나의 가치 있는 정보로 잘 통합시키지 못한다. 그러한 문제들이 복합적으로 작용한 결과 아이들은 자주 이성을 잃고 분노를 폭발시키거나, 지미처럼 앞뒤가 맞지 않는 소리를 한다.

파팔로스 부부는 쌍극성 장애 아동을 위주로 어린이 분노를 설명한다. 이런 어린이의 경우 주로 부모가 제재를 가하려 했을 때 욱하고 화가 폭발한다. "안 돼"라는 말 한마디에 아이는 물어뜯고, 때리고, 발로 차고, 물건을 부수며, 욕설을 퍼붓는 등 발작에 가까운 반응을 보인다. 부부는 책에서 하루에 몇 번씩 길게는 세 시간에 걸쳐 앞서 설명한 것처럼 분노를 터뜨리는 아이들에 대한 예를 든다.

분명한 사실은, 폭발적인 분노를 가진 어린이나 쌍극성 장애를 가진 어린이나 모두 '보통' 어린이에 비해 분노를 조절하는 능력이 떨어진다는 것이다. 그러면 이러한 문제점을 보이는 어린이는 모두 뇌에 이상이 있어서 분노를 참지 못하는 것일까?

파발로스 부부는 그렇다고 믿는다. 그들은 이러한 증세를 보이는 어린이의 경우 뇌에서 감정을 조절하는 부분인 변연계(편도, 중격, 대상회, 해마를 포함한다)가 부분적으로 손상됐을 수 있다고 책에서 말한다. 만일 이것이 사실이라면 뇌에 입은 손상을 연구하여 왜 욱하는 성질이 폭발한 어린이가 감정을 가라앉힐 수 없는지, 왜 조그마한 일에도 짜증이 나서 발작에 가까운 반응을 보이는지를 알 수 있게 될 것이다.

뇌 손상이나 결함은 일부 어른 사이에서 나타나는 욱하는 성질의 주요 원인이기도 하다. 그 이야기도 차차 다룰 테지만 우선 다음 질문에 대해 생각해보기 바란다.

욱하는 성질이 어릴 때도 있었다면 당시에 어떠했는지 알고 있는가? 앞서 설명한 것처럼 욱하고 성질이 폭발했던 적이 있는가? 얼마나 자주 그랬는가? 그 정도는 얼마나 심각했는가? 자신 혹은 부모님이 욱하는 성질을 자제하기 위해 어떤 노력을 했는가? 전문가의 도움은 받아보았는가?

분노와 우리의 불완전한 두뇌

조는 셈은 잘하지만 기억력은 나쁘고, 조지는 예술적인 감각은 있지만 그것을 말로는 잘 표현하지 못한다. 타티아나는 훌륭한 사회성을 타고났지만 논리성은 떨어진다. 이들은 모두 완벽과는 거리가 먼 두뇌를 가지고 있다. 그런데 사실 대부분의 사람이 그러한 뇌를 가지고 있다. 어떤 상황에서든 항상 완벽하게 작동하는 뇌는 없다. 누구에게나 취약한 부분은 있게 마련이며, 이는 뇌의 연결회로가 잘 이어지지 않았기 때문이다.

어떤 사람은 안타깝게도 뇌에서 감정을 관장하는 부분이 잘못 연결되어 있다. 이들의 뇌가 완전함과 거리가 먼 이유는 유전적인 요인, 병, 상처 심지어는 트라우마 때문에 발생하는 것일 수도 있다. 원인이 무엇이든 이들은 감정을 조절하는 능력이 떨어지기 때문에 상대적으로 쉽게 분노를 터뜨리며 쉽게 성질이 폭발한다.

감정이란 참으로 복잡한 것이며 우리에게 꼭 필요하기 때문에 존재하는 것이다. 감정은 행동지침이 될 수 있는 중요한 정보를 전달하는 전령 역할을 한다.

행복의 전령은 "그렇게 하니까 참 기분 좋다. 계속 그렇게 해"라는 메시지를 전달한다. 슬픔의 전령은 "그이가 보고 싶어. 그 사람을 되돌아오게 할 수 없겠니?"라고 말한다. 분노의 전령은 "그게 뭐야! 마음에 안 들어. 못 하게 해!"라고 외친다.

정상적으로 작동하는 뇌라면 감정을 조절하는 여러 기능을 수행한다. 우선 뇌는 감정적 반응을 생성하는 전자 경로와 화학 경로를 만든다. 즉, 뇌가 적절한 전령을 만들어서 적합한 곳으로 보내는 일을 한다는 뜻이다. 다음으로 뇌는 우리가 전달받은 메시지를 이해할 수 있도록 한다. 예를 들어 '나는 지금 초조해'와 같은 메시지를 우리 뇌가 해석한다는 의미이다. 또 뇌는 계속 같은 메시지가 전달되거나, 메시지 의미가 지나치게 누적되는 일이 없도록 조절한다. 한마디로 '고마워요, 메시지 잘 받았습니다. 이제 그만 가보세요'라고 전령에게 말하는 역할을 하는 것이다.

이 모든 과정은 무척 복잡하다. 게다가 사실 뇌에는 감정조절만을 전담으로 하는 부분이 없다. 물론 대뇌의 변연계가 감정조절과 깊은 연관이 있으며 뇌의 감정조절 센터 역할을 하는 것으로 판명되었다. 그러나 이곳 외에도 전전두엽, 측두엽, 중뇌수도관 주위 회색질, 대뇌핵, 소뇌 같은 부위도 감정조절을 담당하는 데 한몫한다. 즉, 감정에 휘둘리지 않고 감정을 통제하며 살기 위해서는 뇌의 모든 부위가 잘 작동해야 한다는 것, 다시 말해서 뇌의 일부가 고장 났거나 없거나 제대로 발달하지 못했다면 감정을 조절하는 데 큰 어려움을 겪을 수밖에 없다는 것이다.

여기서 중요한 예를 하나 들겠다. 언제 조사를 하든 간에 전 세계 인구의 10퍼센트는 세로토닌이 필요량보다 적게 배출되고 있다고 한다. 세로토닌은 뇌에 있는 뉴런과 뉴런 사이의 작은 틈새에서 정보를 전달하는 신경전달물질이다. 이것이 부족할 경우 우울증, 무기력증, 절망을 느끼게 되며 세로토닌 결핍일 경우 흔히 주요우울증장애 진단을 받게 된다.

하지만 세로토닌은 단순히 사람을 힘 있고 생동감 넘치게 만드는 것 외에도 충동조절을 도와준다. 그래서 우울증을 앓는 사람일수록 갑작스레 화가 폭발하기 쉬운 것이다. 이들은 이성을 잃고 욱하고 성질을 내며 분노를 밖으로 표출하거나, 분노를 자신에게로 돌려 자해 행위를 하는 등, 안으로 화를 내기도 한다.

반면 도파민이라는 신경전달물질은 뇌에 너무 많아질 경우 욱하는 성질을 촉발시킨다. 코카인이나 메스암페타민 같은 약물을 쓰는 사람들이 그토록 난폭해지는 이유는 이 약물들이 뇌에 있는 도파민의 양을 높이기 때문이다.

호르몬 불균형 역시 분노나 공격성을 조절하는 능력에 영향을 미친다. 예상했겠지만, 상대적으로 남성 호르몬(테스토스테론)의 비율이 높은 남자가 다른 남자들보다 공격성이 강하다. 그런데 놀라운 것은, 최근 한 연구에 따르면 여성 호르몬(에스트로겐) 또한 여성과 남성 모두의 공격성에 영향을 미친다고 한다.

흥미로운 점은 두 호르몬 모두 사람이 인지하는 위협을 왜곡시킨다는 것이다. 그래서 상대방이 의도적으로 자신을 괴롭히고 있다고 느끼면, 분노나 폭력, 심지어는 욱하고 성질이 폭발하는 등의 방식으로 반격하게 된다. 일부 여성들은 월경 전에 일어나는 호르몬 변화로 인해 평상시

보다 더 자주 분노를 터뜨린다. 내 여성 환자들 가운데 매달 세 주 동안은 화가 주체가 안 되어서 힘들다고 하는 사람들이 더러 있지만, 욱하고 성질이 폭발하는 것은 월경 전에만 일어나는 현상이라고 한다.

분노로 가득 찬 뇌

뇌에 대해 심도 깊은 연구를 진행한 대니엘 아멘은, 뇌에 흐르는 혈액의 흐름을 연구하기 위해 SPECT(single photon emission computed tomography. 단일광자방출 컴퓨터단층촬영법)라는 특별 기법을 사용했다. 이 연구는 특정 작업을 수행할 때 뇌의 특정 부위가 더욱 활발하게 움직여 그쪽으로 혈액이 집중된다는 생각을 바탕으로 진행되었다. 아멘 박사는 수많은 사람에게 같은 작업을 수행하도록 한 뒤 뇌 사진을 찍었고, 이를 비교 분석한 결과 뇌의 특정 부위가 적절하게 활동하고 있는지, 활동성이 부족한지, 혹은 지나치게 활발히 활동하고 있는지를 알게 되었다. 아멘 박사는 저서 《Firestorms in the Brain》에서 욱하는 성질을 가진 사람들 뇌에서 공통적으로 발견되는 세 가지 결함이 있다고 설명한다.

첫 번째로, 욱하는 성질이 있는 사람들은 집중하려 할 때 전전두엽의 활동이 줄어드는 현상을 종종 보인다고 한다. 사람들은 이 현상을 흔히 주의력결핍장애(ADD)와 연결시키지만 ADD가 있다고 무조건 욱하는 성질이 있는 것도 아니고 욱하는 성질이 있다고 무조건 ADD 가 있는 것은 아니다. 전두엽 피질에서 움직임이 활발하지 않다는 것은 일이 잘못되었을 때 이를 해결하는 데 필요한 집중력이나 문제 해결능력이 떨어지며, 충동을 조절하는 능력이 부족하다는 의미이다.

두 번째로, 전전두엽은 활발하게 움직이지 않았을 때 문제이지만 너무 활발하게 움직이면 욱하고 성질이 폭발할 수 있는 뇌의 부위도 있다. 전측 대상회는 뇌량(우뇌와 좌뇌를 연결시키는 뇌의 한 부위) 바로 위에 있는 것으로 활동량이 증가하면 대상(cingulate)이 과도하게 움직이고 있음을 뜻한다. 뇌에 이와 같은 결함이 있는 사람들은 부정적인 생각 패턴에 틀어박혀 문제가 생겨도 흘려버리지 못하고 집착하게 된다. 나쁜 일이라는 것이 흘려버리지 못하면 보통 머릿속에서 더욱 심해지게 마련이다. 그래서 결국 참을 수 없는, 꼭 자신이 나서서 싸워야 하는 일이 되는 것이다.

예를 들어, 아버지가 아들에게 쓰레기를 버리라고 시켰을 때, 아들은 아마 투덜투덜거리며 마지못해 심부름을 나설 것이다. 어떤 아버지라도 아들의 그런 반항기 어린 태도가 짜증스러울 것이다. 하지만 대부분의 경우 으레 사춘기라서 그러려니 하고 넘어갈 것이다. 그러나 전측 대상회가 지나치게 활발하게 움직이는 뇌를 가진 사람일 경우 그때 받은 모욕을 몇 날 며칠 가슴에 담아두고 분노를 쌓아간다. 그 결과 잠재적 분노가 쌓이다 결국 어느 날 분노가 폭발하여 아버지가 아들 방에 뛰어들어가 아들은 잊은 지 오래인 사건을 들먹이며 사과를 요구하는 사태가 빚어지게 된다. 보다 못한 어머니가 끼어들어 아버지를 말려보지만 오히려 늘 아들 편만 든다는 차가운 비난만 돌아올 뿐이다.

세 번째는, 좌뇌의 큰 부분을 차지하고 있는 좌측 측두엽이 비정상적으로 작동할 때다. 좌측 측두엽이 비정상적으로 작동할 경우 성질이 급해지며, 실제로 이상이 있는 사람들의 말에 따르면 엄청난 화가 급속도로 치밀어오른다고 한다. 한 마디로 욱하는 성질이 나올 수밖에 없는 조합이다.

그렇다면 정말 운이 없어서, 일부 사람들이 그러하듯 이 세 가지 문제를 모두 갖고 있다면 어떨까?

예를 들어, 친구가 파티에 가는 길에 자신을 태워서 같이 가기로 했는데 깜빡하고 혼자 파티에 갔다고 생각해보자. 당신은 기다리다 지쳐 혼자 차를 몰고 파티장으로 향한다. 가는 길 내내 친구가 저지른 행동을 곱씹는다. 친구에게 멋지게 복수를 해줘야 하는데 마음을 진정시키려다 보니 짜증이 나서 집중은 더 안 된다. 게다가 계속 기분이 상한 것만 생각이 나서 마음을 도무지 진정시킬 수 없다. 그래서 파티장에 도착하자마자 친구에게 달려가 "이 머저리 같은 놈, 너 같은 건 죽어야 돼" 따위의 말을 닥치는 대로 하게 되고, 그 말은 결국 또 주먹다짐으로 이어진다.

욱하는 성질을 조절하지 못하는 두뇌를 가진 사람들 가운데 처방받은 약으로 효과를 본 이들도 있다. 그 약들은 뇌에서 감정을 통제하는 부분이 제대로 작동하지 않을 때 복용하면 큰 도움이 된다.

예를 들어, 리탈린 같은 정신자극제는 전전두엽 활동을 촉진시켜

집중력과 문제해결력을 향상시킨다. 항우울제는 보통 부정적이고 집착적인 생각을 완화시키며, 테그레톨이나 데파코트나 라믹탈 같은 항경련제·항전간제는 측두엽에 이상이 있을 때 나타나는 성급한 성질을 누그러뜨린다.

만일 자신이 자주 욱하고 성질을 폭발시키는 사람이라면 약물치료를 고려해봤어야 한다. 특히 욱하는 성질을 조절해보려고 여러 번 진지하게 애를 썼는데 번번이 실패하였다면 더욱 그렇다. 또한 자신이나 남을 해칠 정도로 심각하게 분노가 터지는 사람이라면 반드시 약물치료를 고민해보라.

욱하는 성질은 반드시 막아야 하는 위험한 일이다. 자기 스스로도 멈출 수 없고, 친구나 가족, 종교적 인물, 혹은 전문 상담가의 도움을 받았는데도 멈출 수 없다면 자의식은 미뤄놓고 치료를 받아야만 한다. 치료를 받기로 결정했다면, 분노가 폭발할 때 반복되는 경로를 충분히 이해할 수 있는 경험 많은 심리학자나 정신과 의사 혹은 분노관리사를 찾아가기 바란다.

극심한 스트레스와 감정적 트라우마

스트레스는 어떤 육체적, 정신적, 감정적 부담이나 긴장에 대해 몸이 자연스럽게 반응한 것이라고 정의할 수 있다. 연구가들은 예전부터 적당한 스트레스는 오히려 사람에게 에너지를 불어넣는다는 것을 알고 있었다. 솔직히 약간의 부담이 없다면 어떻게 제때 리포트를 제출하고, 집에 월급봉투를 갖고 오고, 배우자와 다퉜을 때 화해를 하겠는가?

문제는 사람들이 지나친 스트레스를 받으면 좋지 못한 결과를 낸다는 것이다. 만일 당신이 겨우 몇 달 사이에 다음과 같은 문제를 전부 겪는다면 잘 이겨낼 수 있을까? 허리를 다쳐 움직일 때마다 극심한 고통이 등뼈를 타고 다리까지 내려가고, 아이는 크게 아파서 몇 주 째 침대에서 꼼짝도 못하고, 근무시간이 줄어서 월급은 줄고 고지서 낼 돈은 없고, 무슨 이야기든 나눌 수 있었던 절친한 친구는 멀리 이사를 갔으며, 애인이나 배우자와 헤어질지 말지를 고민하는 상황이라면?

엄청난 양의 스트레스일 것이다. 일부 축복받은 사람들은 험난한 풍랑을 만나도 유유히 헤쳐나가지만, 대부분의 사람들은 하나에서 열까지 일이 틀어지는 상황에서 간신히 버티고 있는 실정이다. 만일 후자에 속한 사람이라면 울적하고 무력한 기분일 것이다. 어쩌면 너무 불안해서 잠을 못 이룬다거나, 모든 사람과 모든 일로부터 최대한 거리를 두고 자신을 고립시키려 할 수도 있다. 몸과 마음이 고통으로 무감각해지고, 정신적·육체적 피로를 떨쳐버리기 위해 노력을 해보지만 계속 걱정이 밀려올 것이다. 그러다 결국 패배감이 온몸을 엄습하면 이제 분노를 터뜨릴 준비를 마친 상태일지도 모른다.

물론 모든 사람이 스트레스를 받았다고 욱하는 성질이 폭발하는 것은 아니지만 그런 사람도 존재한다. 주로 원래 화를 잘 내던 사람들이

그러는데, 평상시에는 화를 조절할 수 있지만 화를 내지 않고는 스트레스를 조절하지 못하는 사람들이 있다. 만일 자신이 앞서 설명했던 경우에 속하며 앞서 설명했던 수준의 스트레스를 받고 있다면 욱하고 성질이 폭발할 가능성이 높은 상태이다.

이번에는 다른 날보다 훨씬 힘겨웠던 하루를 마치고 집에 오는 길을 떠올려보라. 마침 차선을 바꾸려는데 빨간색 스포츠카가 유유히 새치기를 한다. 도로에서 규칙을 지키지 않는 무례한 사람을 혐오하는 당신, 그로부터 얼마 후 심각한 교통 체증으로 차가 꼼짝도 하지 않는 상황에 처한다. 그런데 마침 눈앞에 아까 새치기를 했던 스포츠카가 멋지고 여유로운 모습으로 서 있는 게 아닌가. 그 순간 더 이상 치밀어오르는 분노를 참을 수 없다. 악을 쓰며 마구 경적을 울리고 폭언을 퍼부으며 삿대질을 하고, 그 사람에게 차에서 내려 한판 붙자고 싸움을 건다. 그렇게 치밀어오른 분노를 터뜨리고 있는 당신, 만일 스포츠카 주인이 화를 잘 참는 사람이 아니라면 둘 중 한 사람이 죽는 사태까지 벌어질 수 있다.

옛 기억도 분노를 터뜨리는 원인이 될 수 있다. 어렸을 때나 청년기에 끔찍하거나 목숨이 위험했던 일을 당했을 경우에 이러한 현상이 일어난다. 트라우마는 뇌에 실제로 감정을 조절하는 능력을 감소시키는 손상을 입혀 욱하고 성질이 폭발할 수 있는 가능성을 높인다.

예를 들어, 강간이나 급습으로 몸에 직접적인 상처를 입었거나 폭력적인 장면을 목격하는 것처럼, 실제로 목숨이 위협받는 상황 때문에 받은 극심한 정신적 트라우마는 뇌를 영구적으로 변형시킨다.

이러한 변화는 피해자들이 험한 세상에서 안전하게 지낼 수 있도록 돕기 위한 것이다. 그래서 그들은 위험을 알리는 여러 조짐에 대해 극도로 예민해지며 자신이 지각하는 위험에 대해서도 민감하게 반응한다. 그러나 안타깝게도 많은 경우 없는 위험을 잘못 인식하여 불필요한 자기방어를 하게 된다. 트라우마와 관련된 뇌 손상은 5장에서 더 자세히 살펴보도록 하겠다.

이쯤에서 내가 당신에게 묻고 싶은 것은, 자신이 봤을 때 '욱하고 성질이 폭발할 때와 스트레스를 받을 때가 밀접한 관계를 맺고 있는가?' 이다. 만일 "매우 밀접한 관련이 있다"라고 답한다면 스트레스를 잘 관리하거나 최대한 적게 받도록 최선을 다해야 할 것이다.

음주, 약물 남용, 그리고 처방약

제이크는 19세로 대학교 1학년이다. 그는 월요일 아침에 벌어진 괴상한 사건 때문에 학교에서 퇴학당했다. 그는 주말 내내 술을 마시고 약물을 복용했던 터였다. 그가 토요일과 일요일에 먹은 약은 진통제에 암페타인 그리고 '무슨 성분이 들어 있는지 모르는 조그마한 초록색 약'이었고, 게다가 술까지 마신 상태였다.

제이크는 고등학교 시절에는 술도 약도 해본 적 없었지만 대학생이 되자 부모님의 규칙으로부터 벗어나 한껏 자유를 만끽하고 있었다. 그런데 제이크는 술이나 약을 하면 난폭해졌다. 사실 지난주에도 술집에서 다른 남자와 싸움이 날 뻔한 것을 친구들이 겨우 뜯어말렸다.

이번에도 제이크는 주말 내내 최소한 네 가지 종류의 정신 혹은 감정 상태를 바꾸는 약을 먹었고, 월요일 아침에도 약에서 덜 깬 상태였다. 방을 같이 쓰는 하우위가 제이크를 흔들어 깨우자 제이크는 완전히 이성을 잃고 날뛰었다.

"정확하게 기억나지 않아요. 그냥 제가 하우위를 때리기 시작한 것만 생각나요. 멈출 수가 없었어요. 제가 그의 목을 조르려고 했던 모양이에요, 내 가장 친한 친구였는데……."

하우위는 심각한 부상을 입었고 제이크는 대학교에서 퇴학을 당했고 1년 이상 감옥살이를 해야 했다.

제이크의 문제는 명확하다. 술과 약을 복용하면 폭력적으로 변하는 것이다. 물론 매번 그렇지는 않겠지만 분명한 패턴이 형성될 만큼 자주 그러한 행동을 한 것은 분명하다. 제이크는 '술 근처에는 얼씬도 하지 말아야' 하는 스타일인 것이다. 욱하는 성질을 통제하려면 제이크는 평생 술과 약을 멀리해야 한다.

실제로 문제가 그렇게 단순하다면 참 좋을 텐데 그렇지가 않다. 사실 술, 약물 남용, 폭력(욱하는 성질도 이에 포함)의 관계는 훨씬 복잡하다. 알코올이나 감정 상태에 변화를 주는 약물이 어떠한 변화를 일으키는지 그 예를 살펴보겠다.

- 잠재된 분노를 표출하게 만든다. "이제 내 솔직한 심정을 털어놓을 게, 이 머저리 같은……"과 같은 말을 하게 만든다. 술이나 약에 취하기 전부터 나 있던 화가 취하면 잠재적 폭력성이 아닌 실질적 형태로 표출된다. 중요한 것은 본인도 그러한 결과를 어느 정도 예측하고 있다는 것이다. 솔직히 바라고 있었는지도 모른다. 즉, 취했을 때 나타나는 폭력성은 꼭 약이 즉각적인 효과를 발휘하여 발생하는 게 아니라 취하면 화가 난다는 자신의 잘못된 믿음 때문에 생길 수 있다는 것이다.
- '나 지금 취했으니까 건드리지 마'라는 태도로 일관하여 본인이 화를 자초한다.
- 술이나 약에서 깨는 동안 욱하는 성질이 폭발할 가능성이 높아진다. 제이크의 경우를 보라.
- 장기적으로는 성격 변화와 함께 욱하는 성질이 폭발할 가능성을 높이는 뇌 손상이 일어날 수 있다. 예를 들어, 암페타인을 남용하면 비

이성적으로 변하다 못해 편집증이나 정신분열증으로 낙인찍힐 수
있다.

- 대화로 풀기보다는 화를 속으로 쌓아두게 한다. 일례로 대마초 사용
  자들은 약에 취하면 감상적인 기분이 든다고 주장한다. 그러나 이를
  뒷받침해주는 자료가 없다. 오히려 어떤 사람은 대마초를 피우면 더
  화가 난다고 한다. 그러므로 화를 진정시키려고 대마초를 피울 때는
  깊은 주의를 기울여야 한다.

최악의 상황을 예로 들어보겠다. 미시는 예전부터 심각한 분노 문
제와 폭력성 문제의 기록을 갖고 있다. 약이나 술에 취하면 자신이 난
폭해진다는 걸 알면서도 아랑곳하지 않는다. 스릴을 즐기는 미시는
사건 사고가 없으면 오히려 기분도 나쁘다. 화를 내고 술과 약에 취해
야만 미시는 생동감, 즉 자신이 살아 있음을 느낀다. 그래서 미시는 다
리가 풀릴 때까지 술을 마실 요량으로 술집에 간다. 술집 화장실에서
몰래 코카인도 하고, 다른 약도 몇 가지 한다. 하지만 오늘 오후는 좀
이상하다. 그 어느 때보다 약 기운에 심하게 취한 느낌이고 그 어느 때
보다 화가 극심하게 치솟는다.

미시의 경우, 약물과 화가 서로 결합하여 상승효과(synergistic
effect)를 일으켰기 때문이다. 약물과 술에 화까지 결합하면 그 둘의 효
과가 훨씬 강해진다. 그 결과 미시는 인간 핵폭탄이나 다름없는 상태
가 된다. 총체적 분노에 빠진 미시는 술잔을 던지고, 큐를 부러뜨리
고, 폭언을 퍼부으며, 남녀를 불문하고 모든 사람에게 싸움을 걸다 결

국 새벽 한 시에 술집에서 쫓겨났다.

욱하는 성질이 있다면 감정 상태를 변화시키는 약물을 복용할 때 자신에게 진정으로 솔직해져야 한다. 솔직히, 감정 상태를 바꾸는 약물은 욱하는 성질이 있는 사람이라면 누릴 수 없는 사치일 수 있다.

지금까지 술과 약물이 욱하는 성질과 갖는 연관성에 대해 알아보았다. 하지만 우리가 더 살펴볼 것이 있다. 바로, 드물긴 해도 일반 사람이 병원에서 알려준 대로 처방약을 복용했음에도 욱하는 성질 문제가 발생할 수 있다는 것이다. 혹시 '의원성 영향(Iatrogenic Effect)'이라는 말을 들어보았는가? 만일 처방약을 복용하고 있다면 알아두어야 할 중요한 용어이다. 의원성 영향은 처방약을 복용한 환자에게 예상치 못한 일이나 안타까운 일이 생기는 것을 말한다. 복용법을 그대로 따랐을 때도 발생할 수 있으며 증상으로는 두드러기나, 머리가 쪼개지는 것 같은 두통, 기절 등이 있다.

자주는 아니지만 종종 발생하는 현상으로 예전에 비해 갑자기 분노가 잘 치미는 것은 의원성 영향의 가장 무서운 증상 가운데 하나이다. 특히 정신을 안정시키는 효과가 있다고 알려진 발륨 같은 벤조디아제핀 류를 처방받아 복용하는 사람들 사이에서 종종 나타나는 현상이다. 그렇다고 특정 약들을 관리한다고 해결될 것도 아니며 훨씬 불규칙하게 나타나는 문제이다.

우리가 명심할 것은 비록 처방약 때문에 화가 나서 폭력성을 통제하기 힘들어지는 경우가 드물긴 하지만 분명히 존재한다는 점이다.

그 말은 곧 자신이 자신의 약은 물론 사랑하는 사람들이 복용하는 약의 효과를 항상 확인해야 된다는 의미이다. 만일 약을 복용한 뒤로 화나 폭력성 혹은 욱하는 성질이 심해진 것 같다면 즉시 처방을 내린 의사에게 연락을 취하라.

이 경고를 특히 명심해야 할 두 집단의 사람들이 있다. 자신이 이에 속했는지 확인해보라. 예상했겠지만 첫 번째 집단은 이미 화나 폭력성이나 욱하는 성질 때문에 문제가 있던 사람들이다. 이들은 이미 폭발 일보직전이기 때문에 조금만 흥분을 하거나 에너지가 넘치거나 혼란스러우면 이성을 잃고 폭발하기 쉽다.

두 번째 집단은 현재 회복 중인 알코올의존자나 약물의존자로 약물에 대해 강력한 반응을 보이고 약효를 예측하기 힘들다.

자신이 이 두 집단 중 한 곳에 속한다면 새로운 약을 복용할 때 각별히 주의를 기울이고, 조금이라도 화를 증가시키거나 충동을 억제하는 능력을 떨어뜨린 약물이 있다면 꼼꼼히 기록해두길 바란다.

유년기 분노 조절 교육과 상 주기

인간은 주로 간단한 두 가지 규칙을 따르며 산다. 첫째는 부모님이 하는 대로 따라하는 것이고 둘째는 대가가 있는 일만 한다는 것이다. 이것들은 인생의 지침이 될 수 있는 좋은 규칙들이다. 하지만 안타깝게도 이 규칙들 때문에 욱하는 성질의 패턴이 형성될 수 있다.

우선 '부모님이 하는 대로 따라하기'부터 살펴보자. 이것을 흔히 '모델링(modeling)'이라고 하는데 아이들은 본능적으로 부모의 태도, 말, 행동, 몸짓, 믿음, 두려움, 웃음, 얼굴 찡그리는 표정 등 부모를 거의 다 흉내 낸다.

한 예로 지난주에 나의 두 손자인 데이빗과 크리스토퍼가 아버지와 함께 낚시를 간 이야기를 자세히 들려주었다. 아이들은 그때 잡았던 물고기 한 마리 한 마리가 어떻게 생겼는지, 낚싯바늘에 걸렸을 때 그들이 어떤 반응을 보였는지, 그리고 물고기를 놔줄지 말지를 결정하기 위해 길이를 잰 이야기까지 해주었다. 내게 그 이야기를 들려줄 때 아이들은 자기 아버지와 똑같았다.

앞서 든 예는 부모가 모델링을 훌륭하게 하였을 때이다. 그러나 부모가 자주 욱하고 성질을 내는 사람이라면 어떨까? 욱하고 성질을 폭발시키는 부모들은 '상황이 어려워지면 정신을 놓아버리자'라는 좌우명으로 사는 사람들이다. 물건을 집어던지고 부수고 악을 쓰며 소리를 지르고 다른 사람을 때린다. 나중에 정말 미안하다고, 절대 겁을 주거나 다른 사람을 다치게 할 마음은 없었고, 다시는 그러지 않겠다고 사과를 하기도 한다. 하지만 결국 또 욱하고 폭발하고, 또 폭발하고를 반복할 뿐이다. 그런 부모 밑에서 자란 아이들은 욱해서 폭발하는 것이 세상을 사는 방식이라고 배우게 된다.

욱하는 성질을 가진 부모나 할머니, 할아버지 혹은 그밖에 큰 영향력을 가진 어른 밑에서 자랐다고 반드시 폭발적인 성질을 갖는 것은 아니다. 단지 욱하는 성질을 가진 부모 밑에서 자랐을 경우 비슷한 성질을 갖게 될 확률이 높다는 것이다.

어떤 어린이는 부모의 욱하는 성질을 혐오해서 절대 부모처럼 난폭하거나 폭력적인 사람이 되지 않겠다고 다짐한다. 하지만 무의식중에 부모의 욱하는 성질을 습득하게 되고 수년이 지나 어른이 되었을 때 자신의 어머니 혹은 아버지가 그랬듯이 갑자기 폭발할 수 있다.

마린다가 그런 경우이다. 그녀는 어느 날 갑자기 아무 예고도 없이 자신의 7세 된 아들 티미에게 분노를 터뜨렸다. 티미는 저녁 시간까지 기다리지 못하고 허락 없이 파이 한 조각을 먹었다. 마린다는 티미를 혼내기 시작했다. 그런데 갑자기 자신도 모르게 몸이 떨리면서, 소리를 지르고, 욕이 튀어나오고, 수치스러운 마음이 들었다. 이러다간 곧 이성을 잃을 것 같았다. 다행히도 그녀는 억지로 방에서 나올 수 있었고, 마음을 가라앉힐 동안 티미와 거리를 뒀다.

"삽시간에 우리 엄마처럼 되어버렸어요."

마린다는 손가락으로 딱 소리를 내며 말을 했다. 마린다는 욱하는 성질을 가진 무서운 엄마 밑에서 자랐다. 절대 무섭게 분노하는 성질을 가진 엄마가 되고 싶지 않았지만 무의식중에 분노를 터뜨리는 법을 익힌 것이다.

당신은 어떤 가정환경에서 자랐는가? 주위에 화를 잘 내는 어른은 없었는가? 욱하는 성질을 가진 사람은 없었는가? 성장하면서 분노에 대해 배운 것이 있다면 무엇인가?

이제 두 번째 규칙을 살펴보자. 인간은 대가가 있는 행동만 한다. 이 법칙은 욱하는 성질에도 적용된다.

17세의 고등학생 맥시는 주의력 결핍 과잉행동장애(ADHD), 쌍극성 장애, 강박정신증, 아스페르거 증후군 같은 여러 정신장애가 있다고 진단받았다.

문제가 있는 아동이라면 으레 그렇듯이 맥시도 정신과 의사마다 각기 다른 진단을 내렸다. 맥시는 학교에서 집중을 잘 못한다. 또 변덕스러운 행동 때문에 친구도 거의 없다. 맥시의 욱하는 성질도 문제이다. '안 돼'라고 하는 순간 맥시는 즉시 폭발한다. 강력한 약을 복용하고 있지만 이마저도 행동을 조절하는 데 도움이 되지 않는 모양이다.

그런데 이상한 점이 있다. 맥시는 왜 특정 상황에서는 거의 욱하고 성질이 폭발하지 않을까? 예를 들어 맥시는 존슨 선생님의 사회시간에는 거의 일주일에 한 번 꼴로 욱해서 성질을 부리지만 토슨 선생님의 과학시간에는 1년 동안 딱 한 번 성질이 폭발했다. 그것은 존슨 선생님은 무의식중에 맥시가 분노를 터뜨렸을 때 상을 주지만 토슨 선생님은 그러지 않기 때문이다.

맥시가 분노를 터뜨리면 존슨 선생님도 같이 화를 내며 반 아이들이 보는 앞에서 맥시를 혼내고는 교실 밖으로 쫓아낸다. 맥시는 선생님에게 대들었기 때문에 반 아이들의 지지를 얻으며 많은 관심을 받을 수 있다(맥시는 아무 관심을 못 받는 것보다 부정적인 관심이라도 받기를 원한다). 거기에다가 교실 밖에서 빈둥거릴 수도 있다.

반면 토슨 선생님은 맥시가 괜찮은지를 주기적으로 확인한다. 만일 맥시가 욱하고 폭발할 것 같아 보이면 맥시와 조용히 이야기를 나눈다. 맥시가 혼자 마음을 가라앉히기 힘들고 도움이 필요할 때면 신호를 보낼 수 있게 신호도 정해놓았다. 하지만 맥시가 통제력을 잃기 시작하면 즉시 교실 밖으로 내보내 싸움을 피한다. 몇 분 뒤 맥시가 조금 진정되면 다시 교실로 데려온다.

욱하는 성질이 주는 대가에 대한 논의 없이는 욱하는 성질에 대해 논할 수 없다. 대가는 의도했든 안 했든 간에 욱하고 성질이 폭발한 것에 대해 주는 상과 같다. 상은 즉각적 그리고 의도적으로 직접 주는 경우("내가 분노를 터뜨리면 내가 하고 싶은 대로 되는구나")와 간접적으로 의도하지 않고 주는 경우(더 많은 관심을 받을 수 있다)가 있다. 어느 쪽이든 간에 욱하는 성질이 있는 사람들은 성질을 폭발시키면 자기가 원하는 바를 이룰 수 있다는 걸 학습하게 된다.

그렇다고 이들이 자신의 목적을 달성하고자 의도적으로 욱하고 성질을 내는 사람이 된다는 것은 아니다. 인간은 본능적으로 효과가 있는 행위를 반복하기 때문에 욱하는 성질이 습관화되는 것이다. 시간이 지나면 지날수록 분노를 터뜨리는 데도 요령이 생겨서 더 잘하게 되며, 결국 상을 많이 받으면 받을수록 더욱 자주 이성을 잃고 분노를 터뜨리게 된다.

이번 이야기가 주는 교훈은 분명하다. 절대 어린이가 분노를 터뜨리는 것을 모델링하지 않도록 할 것, 그리고 나이를 막론하고 분노에 대한 상을 줘서는 안 된다는 것이다.

그리고 한 가지 더 추가할 것은, 정말로 솔직하게 자신이 왜 욱하고 성질이 폭발하는지 생각해보자는 것이다. 자신이 분노를 터뜨렸을 때 어떤 대가를 받고 있으며, 정말로 그것을 포기할 수 있을지 자신에게 물어보라.

마약과도 같은 분노

"싸울거리를 찾아요. 제 분노를 터뜨릴 만한 일을 찾지요. 싸우는 게 좋기도 하고 싫기도 해요."

이것은 한 분노 관리 모임의 회원인 드미트리우스(25세)의 말이다. 드미트리우스는 자신의 분노 때문에 이미 수도 없이 곤란한 상황에 빠졌다. 그는 벌써 여러 차례 구속된 전력이 있으며 앞으로도 성질을 조절하지 못하면 꽤나 힘든 감옥 생활을 하게 될 것이다. 가장 큰 문제는 드미트리우스가 과거에 분노를 터뜨려서 생긴 일화를 이야기할 때면 얼굴에 웃음이 가득하고 눈빛도 초롱초롱해진다는 것이다. 분노를 터뜨리는 생각만 해도 살아 있다는 느낌이 드는 것 같다.

나는 앞서 출간한 책《Letting Go Of Anger》에서 흥분성 분노와 중독성 분노에 대한 이야기를 한 적이 있다. 화를 통해 커다란 쾌감을 느끼는 사람도 있음은 분명한 사실이다. 그리고 분노는 가장 강력한 형태의 분노로 다른 어떤 화보다 큰 쾌감을 준다. 멀리서 찾을 것도 없이 드미트리우스에게 물어보자.

"솔직히 욱하고 성질 한 번 터뜨리는 게 섹스만큼 기분이 좋아요. 어쩌면 더 좋을지도 모르겠는데요."

드미트리우스는 속에서 분노가 치미는 느낌을 갈망한다. 분노를 안 터뜨리고는 얼마 견디지 못해 또 싸울거리를 찾아나선다. 상대는 누가 되었든 관계없다. 43킬로그램밖에 안 나가는 자기 여자친구가 됐든, 자신의 가장 친한 친구가 됐든, 바에 앉아 술을 마시고 있는 150킬로그램이 넘는 전직 미식축구선수든 다 괜찮다. 디미트리우스에게는 모두 똑같은 상대일 뿐이다.

그는 우선 자기 스스로 마음속에 화를 쌓은 다음, 상대방이 먼저 주먹을 날리길 바라며 계속 깐죽거린다. 드미트리우스는 어떤 식으로든 공격을 한다. 피 맛을 보고, 고통을 느끼고, 머릿속이 텅 비는 느낌은 드미트리우스에게는 최고의 쾌감이다.

나는 이런 종류의 분노를 아드레날린이 급격하게 배출되도록 하기 때문에 '흥분성'이라고 부른다. 또한 '중독성'이라고도 부를 수 있는데, 일단 이러한 방식으로만 행복감을 느낄 수 있게 길들면 그만두기가 무척 힘들기 때문이다.

이제 드미트리우스는 이 중독성 높은 방식에 변화를 주어 분노를 표출하지 않고도 살 수 있는 법을 배워야 한다. 다른 사람들이 술, 마약, 도박을 끊었듯이 다시는 분노하지 않는 것을 목표로 노력해야 한다. 자극을 절실하게 원하는 만큼, 박진감을 갈망하는 만큼, 분노를 폭발시키고 싶은 간절한 그 마음으로 인생에서 새로운 길을 찾아야 한다. 자극을 긍정적인 방법으로 얻을 수 있는 통로를 찾아야 한다. 예를 들어, 응급구조사가 된다든가 감정적·육체적 위기상황에 자주 노출되는 직업을 구하는 식으로 말이다.

아니면 자신이 평온한 활동도 즐겁게 할 수 있을 방안을 찾는 데 힘을 쏟아야 할 것이다. 예를 들어, 휴식이나 명상을 취할 수도 있다. 물론 그런 고요한 감정을 드미트리우스 같은 사람이 쉽게 느끼기는 어렵겠지만, 결국 무언가에 취하지 않아도 인생은 즐겁다는 걸 발견할 수 있을 것이다.

분노를 터뜨리면 기분이 좋아지는가? 만일 그렇다면, 과연 분노를 터뜨리는 게 그만큼의 가치가 있을지 생각해보자.

과도한 수치심

수치심은 마음 깊숙한 곳에서 자신이 잘못됐다고 느낄 때 드는 감정이다. 몇 년 전, 나는 아내 팻과 함께 《Letting Go of Shame》이라는 책을 썼다. 그 책은 진흙으로 케이크 만드는 걸 좋아하는 한 작은 소녀에 대한 이야기로 시작한다.

4세쯤 된 아이가 비가 그치자 예쁜 옷을 입고 뒷마당에 앉아 진흙으로 멋진 성을 만들고 있는 장면을 상상해보자. 그런데 소녀의 어머니가 집에서 뛰어나와 "창피한 줄 알아라. 지저분해졌잖아, 나쁜 아이야. 창피한 줄 알아"라고 말했다.

이제 앞서 설명한 것과 같은 상황이 소녀의 유년기 내내 반복됐다고 상상해보라. 아마 그 아이는 독립하기 전까지 "창피한 줄 알아라"라는 말을 수도 없이 들었을 것이다. 소녀의 어머니는 그밖에도 말로는 표현하지 않았어도 계속 부정적인 말을 한다든가 못마땅한 표정을 짓는 식으로 아이에게 창피를 많이 줬을 것이다. 그럴 경우, 소녀는 정말로 자신이 아무 쓸모도 없고 늘 부족한 사람이라고 믿는 어른이 될 가능성이 크다.

수치심은 누구에게나 있다. 사실 적절한 상황에서 적당한 수준의 수치심을 갖는 건 좋은 일이다. 나도 수치심을 느꼈던 경험이 있다. 아무 준비 없이 사람들 앞에서 강의를 하는 바람에 무척 헤맨 것이다. 얼굴은 빨개졌고 나는 정말 그 자리에서 도망치고 싶었다. 꼭 사기를 치다 들통난 기분이었다. 그 뒤 나는 다시는 그런 수치심을 느끼지 않겠다고 결심했고 준비 없이는 절대 강단에 서지 않았다.

하지만 지나친 수치심은 해가 되기도 한다. 수치심은 우리 영혼을 메워버릴 수 있다. 작가 거쉰 카우프만이 '수치심의 결박(shame bound)'이라고 한 상황에 빠져 우리는 자신을 미워하게 된다. 자신이 근본적인 불량품이라는 느낌은 무척 괴로운 것이다. 그리고 이에 따른 가장 큰 문제는 과도한 수치심이 수치심에 따른 분노를 일으키는 바탕이 된다는 것이다.

수치심에 따른 분노는 사람들이 자신의 수치심을 더 이상 견딜 수 없을 때 일어난다. 더는 못 견디고 오히려 공격을 하는 것이다. 그들은 애인이나 배우자, 자식, 친구, 심지어는 모르는 사람 즉, 모두에게 창피를 주고 모두를 탓한다. 그들은 자신의 수치심을 타인에게 전가하려 한다. 수치심에 따른 분노는 자신을 사랑할 수 있는 마음을 놓고 "나는 안 가질래. 너나 가져"라는 식으로 벌이는 무서운 게임이 된다.

아울러 수치심은 사람을 고립시킨다. 자신을 아무 쓸모없는 사람이며 '비호감'이라고 믿는 판에 어떻게 다른 사람과 어울릴 수 있겠는가? 그래서 수치심에 따른 분노를 갖고 있는 많은 이가 타인과의 접촉을 꺼린다. 자신은 남과 다르고 환영받지 못하는 존재이며 심지어는 경멸의 대상이라고 믿는 것이다. 그 결과 늘 모임에서 겉돌고 진정한 소속감을 못 느껴 사회적으로 소외(marginalized)된다. 그러다 사회에 잘 적응하고 있는 사람들 모두를 증오하게 되고, 자신을 비주류로 만든 모든 착한 척하는 사람들에게 잠재적 분노를 품게 된다. 그리고 간혹 갑자기 분노가 치밀면 자신을 가장 괴롭힌다고 생각하는 특정인을 공격한다. 수치심으로 가득한 사람은 기득권 세력으로 가득한 세상에서 가진 것 없는 세력인 자신의 성장을 막고 있다고 생각되는 조직 전체나 기관을 공격하기도 한다. 이럴 때 그들은 특정 단체나 조직이나 기관에 대해 실제로 신체에 해를 입힐 수 있는 무차별적 공격을 감행한다.

과도한 상실감

욱하는 성질을 자라게 만드는 인생 경험이 또 한 가지 있다. 바로 너무 많은 것을 잃었거나 무척 소중한 것을 잃었을 때이다.

상실감은 인생에서 피할 수 없는 일부이다. 사랑하는 사람은 죽게 마련이고 친구들이 이사를 떠나기도 한다. 부부가 이혼을 할 때도 있고 자식은 자라서 집을 떠난다. 마음은 무척 아프지만 그래도 앞으로 나아가는 수밖에 없다. 하지만 특히 납득하기 어렵고 잊어버리기 어려운 상실감이 있다. 바로 버림받았다(abandonment)는 느낌이다. 버림받은 기분은 잃어버리지 말았어야 할 것을 잃어버린 기분 같고 누군가 마음대로, 오로지 우리 마음을 상하게 할 목적으로 떠난 느낌 같기도 한다. 버림받았다는 마음에는 "왜 날 떠난 거야?"라는 질문이 꼬리표처럼 따라다닌다.

그리고 보통 버림받은 사람에게 속 시원한 답이 될 만한 까닭은 없다. 여섯 살짜리 아이에게 아버지가 이라크에서 다시는 돌아오지 못한다는 걸 어떻게 설명할 수 있겠는가? 남편이 더 젊은 여자를 만나서 자신을 떠난 마흔 살 된 아주머니에게 무슨 말을 할 수 있겠는가? 사람들은 가끔 이처럼 답을 알 수 없는 질문 때문에 시달린다. 그 질문에 계속 집착하며 자기 인생을 살지 못하고 상실감에 시달린다. 그리고 그 상실감이 가득한 자리에 분노가 자라기 시작한다.

이러한 분노는 사람들이 더 이상 질문에 대한 답을 찾지 않고 남을 탓하기 시작할 때 자란다. 그때부터 "왜 날 떠난 거야?"라는 질문이

"날 떠났으니 벌을 받아야 해"로 바뀌고, 그 결과 버림받음에서 비롯된 분노가 발생한다. 자신을 버린 사람이나 자신을 버린 사람과 닮은 사람을 무섭게 공격한다거나 '나를 사랑한다고 하면서 결국 떠날 사람들'로 가득한 세상을 향해 무작위로 공격을 한다.

버림받음에서 비롯된 분노를 가진 사람의 마음에는 불신과 증오와 그리움이 뒤섞여 있다. 그들은 언제든 자신을 버리거나 배신할 수 있다는 이유로 모든 사람을 불신한다. 자신을 떠났다는 이유로 사람들을 증오한다. 그러는 동시에 사랑과 관심 그리고 보호받는 느낌을 그리워한다.

수치심에서 비롯된 분노, 무차별 공격, 버림받음에서 비롯된 분노는 중요한 문제이기 때문에 책에서 더 깊이 살펴보도록 하겠다.

분노에 대한 노출 정도

분노가 상대적으로 더 잘 터질 수 있게 만드는 요소를 적은 목록이다. 자신이 해당하는 항목에 표시하라.

☐ 나는 25세 이하다.
☐ 어렸을 때 다른 아이들에 비해 자주 욱하고 성질을 내거나, 폭발하거나, 폭력적인 행동(혹은 더 심하거나)을 했다.

□ 과거에 넘어졌거나, 사고가 났거나, 싸움을 했거나 등의 까닭으로 뇌에 손상을 입었을지도 모른다.

□ 화가 나거나 속이 상하면 뇌가 잘 작동하지 못하거나 아예 작동을 멈춘다.

□ 스트레스를 많이 받으면 정말 화가 나거나 속상하다.

□ 나를 두렵게 하거나, 무력감 혹은 방어기제가 일어나도록 만드는 육체적 · 정신적 트라우마가 있다.

□ 술을 마시거나 다른 감정 변화 물질을 먹었을 때 화를 조절하는 게 어렵다.

□ 나는 현재 내 욱하는 성질이 더 심해지고 있는 처방약을 복용하고 있다.

□ 어렸을 때 부모님(혹은 다른 영향력 있는 어른)이 욱하고 성질내는 것을 본 적이 있다.

□ 어렸을 때 화를 내거나 제멋대로 굴면 원하는 바대로 됐다.

□ 아직도 욱하고 성질을 내거나 이성을 잃고 폭발하면 내가 원하는 대로 된다.

□ 욱하고 성질을 내면 기분이 좋고, 내가 살아 있다는 느낌, 준비되어 있다는 느낌, 좋은 느낌을 받는다.

□ 수치심이 드는 상황(무시당하거나, 망신을 당하거나, 무안을 당한 상황 포함)에 대해 민감하게 반응한다.

□ 버림받았거나 거절당했거나 배신당한 기분이 드는 상황에 대해 민감하게 반응한다.

chapter 3

RAGE

돌발성 분노

돌발적으로 분노를 터뜨리는 리키

이번 이야기는 돌연 극심한 분노를 터뜨리는 리키에 대한 것이다. 그는 성질 급하고 자존심 강한 24세의 라틴 아메리카계 남자이다.

"무직이었어요. 어디에도 일거리가 없어서 간신히 먹고사는 상황이었죠. 그날 낮에 여자친구가 찾아왔는데 둘이 다퉜어요. 자꾸 시비를 걸더니 결국 손찌검을 했어요. 저한테 손을 대다니요! 그 순간 폭발했죠. 무엇 때문에 싸웠는지 기억도 안 나요. 평상시 제 모습이 아니라 괴물로 변했어요! 여자친구를 움켜잡고 목을 조르기 시작했지요. 서로 몇 대 주고받다가 전 결국 여자친구가 기절할 때까지 목을 졸랐어요. 무슨 말을 했는지 기억이 안 나요. 여자친구에게 함부로 방해하지 말라고 따끔하게 혼을 내주는 거라고 생각했던 것 같아요. 그냥 굉장히 열이 오르고 화가 났던 것 같은데, 멈춰야겠다는 생각도 안 들었어요. 하지만 결국 멈췄지요. 그러고는 몇 시간 동안 동네를 걸어다니다

녹초가 돼서 잠이 들었어요. 제 능력 밖의 상황이 벌어지면 자주 이런
일이 생겨요."

돌발성 분노와 통제력 상실

돌발성 분노는 예상치 못한 때에 갑작스레 나타나는 예측 불가능한
변신 같은 것으로, 자신의 생각이나 감정 그리고 행동에 대한 통제력
을 부분적으로 혹은 완전히 상실하게 된다.

리키의 분노는 지배력과 밀접한 관계를 갖고 있다. 리키의 옛 여자
친구는 '자꾸 시비를 걸다 손찌검'을 함으로써 리키의 지배력을 위협
했다. 이것은 체념성 분노의 한 유형이기도 하며 그 내용은 6장에서
더욱 자세히 다루겠다. 이번 장에서는 '왜'가 아니라 '어떻게' 리키의
성질이 욱하고 폭발하는지 살펴보겠다.

리키가 욱하고 성질을 터뜨리는 모습은 돌발성 분노 패턴과 완벽하
게 일치한다. 분노가 빠르고 강력하게 밀려오고 욱하는 성질이 예기
치 않게 급작스레 폭발한다. 그래서 리키는 욱하는 성질이 아무 예고
없이 자신을 덮친다는 느낌을 받는다. 물론 리키가 실직 상태로 쪼들
리는 꽤 절박한 상황이었던 걸로 봐서 조짐이 아예 없었던 건 아니다.
하지만 리키는 여자친구와 다투기 전까지는 멀쩡했다고 한다. 자신이
그렇게 이성을 잃을 줄은 전혀 예상치 못했던 것이다.

리키는 분노가 터지면 말과 행동을 통제하지 못한다. 그러나 이번 경우에는 분노가 터졌을 때도 완전히 통제력을 상실하지는 않았다 ("멈춰야겠다는 생각도 안 들었어요. 하지만 결국 멈췄지요."). 비록 심각한 돌발성 분노 상태이긴 했지만 그래도 부분적 분노였을 뿐이다. 만일 총체적인 분노였다면 리키의 옛 여자친구는 죽었을지도 모른다.

리키는 일단 욱하는 성질이 치밀면 삽시간에 분노로 가득 찬다. 너무나 분노로 가득해 욱하는 성질이 몸과 마음을 지배한다. 가끔은 기억이 끊겨 자신이 한 행동을 일부 혹은 아예 전부 기억하지 못하기도 한다.

리키는 나와 상담을 했을 때 친구들이 자신의 욱하는 성질을 갖고 농담을 한다고 했다. 친구들 말에 따르면 리키는 화가 나면 이상한 미치광이 짓을 한다고 한다. "네 눈 때문에 그래"라고 친구들은 말한다. 리키는 화가 나면 눈이 이상해진다. 번들거리면서 반짝반짝 빛이 난다. 리키도 자신이 욱하고 성질이 폭발했을 때 딴사람으로 변하는 것 같다고 인정한다.

리키에게는 모든 게 다 걱정스럽다. 하지만 무엇보다 두려운 건 자신이 욱하고 성질이 치밀었을 때 누구를 심각하게 다치게 하거나 죽일 수 있다는 우려이다.

"그날 전 옛 여자친구를 심각하게 다치게 할 수 있었어요. 기절할 때까지 목을 졸랐으니까요. 하지만 이제는 왜 싸웠는지도 기억이 나지 않아요."

소형 돌발성 분노

분노가 폭발하는 상황을 블랙홀과 비교해보자. 천체학자들은 우주에 수많은 블랙홀이 존재한다는 것을 밝혀냈다. 블랙홀은 중력이 너무 강해서 빛조차 빠져나가지 못하기 때문에 블랙홀이라 불린다. 이 신비로운 블랙홀은 대부분 무시무시하게 큰 면적을 차지하며 어떤 것은 태양만 한 크기의 별을 수백만 개나 포함하고 있다. 블랙홀이 그 엄청난 크기 때문에 지난 수십 년 간 많은 관심을 받았다는 건 모두 알 것이다. 그러나 최근 물리학자들은 수억 개의 작은 블랙홀이 생성과 소멸을 반복하고 있다는 새로운 주장을 놓고 고민하고 있다. 블랙홀은 눈 깜짝할 사이에(몇 분의 일 초 정도) 사라지며 별달리 하는 일도 없다고 한다. 하지만 중요한 것은 블랙홀이 존재했다는 것이고 사실 커다란 블랙홀보다 소형 블랙홀 개수가 훨씬 많을 수 있다는 점이다.

돌발성 분노는 사람들 사이에서 무시무시한 폭발이 일어나는 횟수보다 소형 돌발성 분노가 터지는 횟수가 훨씬 많다는 점에서 블랙홀과 비슷하다. 모든 돌발성 분노가 리키의 경우처럼 폭력적이라거나 오랜 시간 동안 계속되는 게 아니라는 점을 이해해야 한다.

이를 보여주는 가장 좋은 예는 누군가 "뭐가 어떻게 된 건지 모르겠어. 돈 때문에 싸우고 있었는데……. 그러다 순간적으로 이성을 잃었나 봐. 욕을 한 다음에 쿵쾅거리면서 방에서 나간 건 생각이 나. 고작 일 분 사이에 벌어진 일인데, 지나고 보니 내가 어리석었어"라고 말했을 때이다.

'순간적으로 이성을 잃었다'는 말은 소형 분노를 겪었다는 표시이다. 비록 짧은 순간이었고 완전히 의식을 잃었거나 완전히 평상시 자기 모습을 잃은 건 아니었어도 자신이 평상시 모습이 아니었다고 느꼈다면 소형 분노가 터진 것이다. 물론 평상시 자기 모습이긴 했지만 그와 동시에 무언가 잘못됐다는 걸 스스로 깨달은 것이다. 불완전한 변신을 한 셈이다.

이것은 조금 미묘한 문제로, 어떤 분노는 우리가 일반적인 화를 냈을 때보다 그 정도가 약한 것도 있다. 중요한 것은 얼마나 큰 분노를 터뜨리느냐가 아니라 그 본질에 있다. 아주 잠깐이라도 화를 내는 동안 자신이 다른 사람이 된 것 같은 느낌을 받으면 욱하는 성질이 터진 것이다.

사람들은 리키의 경우처럼 돌발성 분노가 강력하게 찾아왔을 때 도움을 구한다. 이러한 돌발성 분노는 위험하기 때문에 도움을 구한다는 건 긍정적인 행동이다.

그렇다면 소형 분노를 자주 경험하는 사람들은 어떻게 해야 할까? 욱하는 성질을 예방할 수 있는 법을 최대한 많이 익혀두면 큰 도움이 될 것이다.

아무리 작은 분노도 다른 사람과의 관계나 자의식을 손상시킬 수 있다. 게다가 뇌가 차츰 무의식 상태에 빠지는 데 익숙해지면 예전보다 더 강력하고 오랜 시간 동안 분노를 터뜨리게 된다.

돌발성 분노 진단

혹시 당신은 리키에게 동질감을 느끼고 있는가? 작은 규모의 소형 분노는 얼마나 자주 경험하는가? 자신에게 다음 질문을 해보라.

- 화가 빠르고 강력하게 밀려드는 편인가?
- 한번 화가 나면 행동이나 말이 통제가 안 될 정도로 화를 내는가?
- 당신이 화를 내는 모습을 본 주위 사람들이 이상하다, 무섭다, 미친 것 같다는 말을 한 적이 있는가?
- 화가 많이 나면 기억이 끊겨서(술이나 마약 때문은 제외) 자신이 한 말이나 행동을 기억하지 못하는가?
- 화가 너무 심하게 치밀어서 다른 사람을 정말 해치거나 죽일까 봐 걱정이 되는가?
- 화가 나면 평상시 자기의 모습이 아닌 것 같고 딴사람이 된 것 같은 기분이 드는가?
- 다른 사람이 나를 위협하거나 모욕했다는 생각이 들면 분노가 불끈 치솟는가?
- 화가 나면 아무리 잠깐이었다고 해도 순간적으로 이성을 잃을 때가 있는가?

만일 본인이 돌발성 분노 유형에 속한다면 이번 장을 더욱 주의 깊게 읽기 바란다. 지금부터 돌발성 분노를 예방하는 법을 살펴보겠다.

돌발성 분노를 예방하는 방법

돌발성 분노를 막기 위해 따를 수 있는 일곱 단계를 소개하겠다.

1 단계 : 희망을 가져라. 욱하는 성질을 고칠 수 있다는 믿음을 가
져야 한다.

욱하는 성질을 멈춘다는 건 불가능한 일 같아 보일 수 있다. 왜 그럴
까? 그것은 분노, 특히 돌발성 분노가 특별한 까닭 없이 발생하기 때
문이다. 마치 레스토랑에 갔더니 웨이터가 갑자기 2킬로그램짜리 스
테이크를 들고 나타난 것과 비슷한 상황이다. 우리가 "누가 주문한 거
죠?"라고 물었을 때 웨이터가 "손님이 주문하셨잖아요. 여기 계산서
받으세요"라고 대답하는 꼴이다. 그 거대한 스테이크는 당신의 분노
이며 계산서는 분노를 표출하고 난 뒤 당신이 치러야 할 대가이다.

이때 당신이 취해야 할 행동은 웨이터에게 "잠깐만요. 저는 스테이
크 시킨 적도 없고 먹고 싶지도 않아요. 저희는 그거 필요 없으니까 도
로 가져가세요"라고 말하는 것이다. 아마도 웨이터는 당신이 스테이
크를 주문했으니 받아야 한다고 우길 것이다. 어쩌면 웨이터는 당신
이 지난번에 왔을 때도 똑같은 스테이크를 주문했었다고 주장할 수
있다. 심지어 당신이 큰 스테이크를 얼마나 좋아하는지 알기 때문에
특별히 당신을 위해 제일 큰 스테이크를 남겨둔 거라고 말할지도 모
른다. 하지만 웨이터가 우긴다고 넘어가지 마라. 당신은 더 이상 그런
엄청난 식사를 할 필요가 없다.

스테이크를 서빙하는 웨이터와 분노를 서빙하는 웨이터에게 중요한 차이점이 한 가지 있다. 첫 번째 웨이터의 경우 자기 집에서 살지만 두 번째 웨이터의 경우는 사람들 머릿속에 산다는 점이다. 모든 욱하는 성질은 바로 자신의 머릿속, 즉 뇌에서 시작된다. 하지만 그게 오히려 잘 된 것일 수도 있다. 자기 머리, 자기 뇌니까 자신이 해결하면 되기 때문이다. 자신의 머릿속에서 벌어지는 일은 자신이 바꿀 수 있다. 항상 그러지는 못하겠지만, 또한 완벽하게 바꿀 수는 없겠지만 자신의 삶을 훨씬 나아지게 만들 정도는 충분히 가능하다.

무슨 일을 하든 포기하지 마라. 욱하는 성질을 멈출 수 있다.

2단계 : 욱하는 성질을 죽이기 위해 오랜 시간을 두고 열심히 노력하겠다는 각오로 임하라.

열심히 노력할 준비가 되었는가? 욱하는 성질을 죽인다는 게 쉬운 일은 아니다. 그러기 위해서는 우선, 자기방어를 낮추고 자신에게 아주 솔직해져야 한다. 그리고 다음 사항을 따라야 한다.

- **부인하는 습관을 버려라.** "에이, 그 사람들이 생사람 잡는 거예요. 전 욱하는 성질 없어요"라고 말하는 대신 "네, 제 인생에 욱하는 성질이라는 큰 문제가 있습니다. 그 문제를 인정하고 받아들여 이제부터라도 그 문제 해결을 위해 노력하겠습니다."
- **축소시키기는 그만.** "성격 문제가 아주 조금 있는 것도 같지만 별것 아니에요. 충분히 조절할 수 있어요"라고 말하는 대신 "이만저만 큰

문제가 아니에요. 내 욱하는 성질 때문에 인생이 송두리째 파괴되고 있어요. 난 내 아이들조차 슬프게 만들고 있어요. 내 욱하는 성질이 모든 걸 망치고 있다고요."

- **자기합리화는 그만.** "그래요, 저 욱하는 성질 좀 있어요. 하지만 내 탓이 아니라 어렸을 때 아버지가 날 학대해서라고요"라고 말하는 대신 "물론 아버지가 나를 학대했지만 오래전 일이고, 이제 스스로 제 인생을 책임져야죠. 지금의 문제를 가지고 더 이상 과거만 탓하지는 않겠어요."

- **무력감과 절망으로 가득 찬 우는 소리는 그만.** "도저히 못 그만 두겠는데 노력이 무슨 소용이에요?"라고 말하는 대신 "내 욱하는 성질을 어디까지 조절할 수 있을지는 모르겠지만 노력해보겠어. 꼭 욱하는 성질을 뿌리 뽑고야 말겠어!"

- **미루기는 이제 그만.** "욱하는 성질을 없애려고 노력해야 하는 건 알지만 아직 준비가 안 됐어요. 내년부터 해보려고요"라고 말하는 대신 "지금이 욱하는 성질을 없애기 위한 조치를 취하기에 딱 좋은 시간이에요. 앞으로도 계속 지금처럼 살 수는 없어요."

다음으로 언제, 어떻게, 왜, 어디서, 누구와 함께 있을 때 욱하는 성질이 치솟는지에 대한 모든 것을 알아야 한다. 자신이 직접 과학자가 돼서 자신의 욱하는 성질 유형을 연구해야 한다. 그다음으로, 자신만의 독특한 분노 방식을 최대한 이해하여 자신에게 적합하도록 설계된 분노 방지 기술을 체득해야 한다.

또한 가지고 있는 지식을 활용해야 한다. 그 말은 곧 분노를 언제든지 원하는 대로 막을 수 있으며(예방) 완전히 막지는 못해도 최소한 분노가 치미는 속도를 늦춘다거나 폭력성을 낮추는 게(억제) 가능하다는 뜻이다.

완벽을 추구하지는 마라. 욱하는 성질이 눈 깜짝할 사이에 쉽게 사라지는 것은 아니다. 하지만 비교적 빠른 시일 내에 성과가 보일 거라 믿어라. 이 책을 읽는 지금 자신이 분노를 차츰차츰 억제할 수 있을 거라고 믿어라. 하지만 이 문제는 금방 고쳐지는 게 아니기 때문에 굳은 의지를 갖고 꾸준히 매일매일, 여러 주에 걸쳐 이를 해결하기 위해 노력해야 한다.

3단계 : 자신의 돌발성 분노 방식을 파악하기 위한 시간을 가져라.

목표는 자신이 분노를 분출하는 독특한 방식에 대해 최대한 많이 이해하는 것이다. 다음 질문들은 자신의 돌발성 분노 방식을 파악할 수 있게 도와준다. 넉넉한 시간을 두고 질문들에 대해 진지하게 생각하라. 다른 종이에 질문에 대한 답을 적어보자.

욱하는 성질이 폭발했던 사건 하나를 들어 질문에 대해 자세히 설명해주겠다. 이번 문제는 욱하는 성질을 가진 사람들이 보다 쉽게 이를 멈출 수 있는 정보를 모을 수 있도록 구성하였다.

• 얼마나 오래전에 일어났던 사건인가?

- 분노가 터졌던 시기에 스트레스를 받고 있던 일이나 왜 분노가 터졌는지 설명하는 데 도움이 될 만한 이야기가 있는가?
- 분노를 터뜨리기 직전에 혹은 분노를 터뜨리는 동안 술을 마셨거나 마약을 하였는가? (혹은 술이나 마약에서 깨어나는 중이었는가?) 만일 그랬다면 그 상황이 자신에게 어떤 영향을 줬는가?
- 그날 사건과 관련 있는 사람들은 누구인가?
- 분노를 촉발시킨 게 무엇인가(혹시 누가 한 말이나 행동 때문인가)?
- 사건 다음 날 자신이 한 행동을 얼마나 기억하고 있었는가(전부, 일부, 전혀 기억하지 못했다)? 만일 기억나는 게 있다면 그게 무엇인가?
- 분노가 터졌을 때 무슨 말을 하였는가? 어떤 생각을 하였는가? 어떤 느낌이었는가? 어떤 행동을 하였는가?
- 분노는 어떻게 멎었는가?
- 분노를 터뜨리기 전에 혹은 터뜨리는 동안 통제력을 되찾기 위해 얼마나 열심히 노력하였는가? 통제력을 되찾기 위해 무엇을 했는가? 효과는 있었는가?
- 분노가 터지면 완전히 이성을 잃는가, 부분적으로 이성을 잃는가, 거의 이성을 잃지 않는가, 아니면 전혀 이성을 잃지 않는가? 총체적 분노인가, 부분적 분노인가, 아니면 분노가 거의 터질 뻔했던 것인가?
- 돌발성 분노를 터뜨린 다음 자신에게 무슨 일이 생겼는가(예를 들어 잠이 들었다거나, 구속됐다거나, 아니면 부인과 이혼을 했다거나)?
- 얼마나 자주 돌발성 분노가 일어나는가?

- 분노, 감정, 욱하는 성질을 잘 조절할 수 있게 도와주는 약을 복용하는가? 만일 복용하고 있다면 무슨 약인가? 실제로 도움이 되는가?
- 욱하는 성질을 예방하거나 조절하기 위해 어떤 일을 하는가?

이 밖에도 자신의 욱하는 성질을 이해하거나 설명하는 데 도움이 되는 내용이 있다면 적어보라.

4단계 : 과거 있었던 비폭발 분노를 살펴보며 자신이 종종 어떻게 하여 돌발성 분노를 예방했는지 알아보자.

자활꿈터에서 살고 있는 20세의 토냐는 최근 있었던 비폭발성 분노 경험을 털어놓았다.

토냐는 같은 자활꿈터의 거주자 마이크와 가사를 놓고 다투고 있었다. 토냐는 마이크가 설거지를 할 차례라며 우겼고 마이크는 하지 않겠다고 버텼다. 토냐는 차츰차츰 화가 쌓이고 아드레날린이 분출되는 것을 느꼈다. 정말 폭발하고 싶었다. 토냐는 마이크의 가슴을 칼로 찌르고 감옥에 끌려가는 내내 큰소리로 비웃고 싶었다. 그러다 갑자기 토냐는 분노를 완전히 멈출 수 있었다. 그 자리를 피해 자기 방에 올라가 마음을 가라앉힐 시간을 가졌기 때문이다.

토냐는 처음에는 어떻게 자신이 분노를 참았는지 모르겠다고 했다. 하지만 시간을 두고 생각하더니 "스스로 그럴 가치도 없는 일이다,라고 되뇌었어요. 마이크는 항상 재수 없는 놈인데 바꿔보려고 애쓸 필요가 있나? 어차피 안 변할 텐데. 내가 마이크 상사도 아니고 말이야,

직원들이 알아서 할 문제지. 그런 애들 돌보라고 월급 받는 거잖아"라고 생각했다고 했다.

이 이야기는 아마 자활꿈터 직원들이 토냐 귀에 못이 박히도록 한 소리일 것이다. 하지만 토냐 귀에는 직원들 말이 들리지 않았다. 아니, 듣고 싶지 않았을 것이다. 토냐는 스스로 통제권을 갖고 싶어 했기 때문이다. 하지만 이제 직원들이 아니라 자신이 직접 하는 이야기를 들어보니 꽤 괜찮은 이야기 같아서 귀를 기울인 것이다. 그리하여 토냐는 분노가 폭발하는 것을 막았다.

비폭발 분노는 돌발성 분노가 터지려던 찰나에 막았을 때를 말한다. 거의 모든 사람은 완전히 이성을 잃고 욱하고 성질을 내기 전에 비폭발 분노를 수차례 경험한다. 혹시 그러지 않는 사람이 있다면 틀림없이 모두의 안전을 위해 감옥에 갔거나 거의 식물인간 수준이 되도록 강력한 약물을 투약받고 있을 것이다. 욱하는 성질은 사회가 너그럽게 포용하기에는 너무나 위험한 문제이다.

이 말은 곧 본인이 욱하는 성질을 가졌다 해도 분노를 억누를 수 있는 방법을 알고 있다는 뜻이다. 그렇다면 당신의 비법은 무엇인가? 보통 어떻게 욱하는 성질을 억누르는가? 무엇이 욱하는 성질이 폭발하지 않도록 막아주는가? 토냐처럼 혼자 '그럴 만한 가치가 있나'라고 하는가? 아니면 '진정해'라고 스스로를 타이르는가? 앞서 든 예와 다른 말을 한다면 자신에게 도움이 될 만한 어떤 말을 하는가?

욱하는 성질이 치솟으려 할 때 육체적으로는 어떤 행동을 하는가? 자리를 피하는가? 자리에 앉는가? 심호흡을 몇 번 하는가? 이 밖에 어

떤 행동을 하는가?

욱하는 성질을 억눌렀다면 그 억누른 분노는 어떻게 처리하는가? 무시하는가? 단호하지만 공격적이지는 않은 태도를 보이는가? 아니면 잊어버리려 하는가? 분노 외의 다른 감정으로 신경을 돌리는가? 이 밖에 어떤 방법으로 분노를 처리하는가?

욱하는 성질을 막기 위해 종교적인 방법을 사용하는가? 기도? 마음을 비우고 모든 걸 하느님 손에 맡긴다? 명상? 사찰에 간다? 이 밖에 또 어떤 방법을 사용하는가?

즉시 자신을 도와주는 가족, 친구, 전문가 혹은 자신의 증상을 이해하고 지지를 보내주는 사람이 있는가? 친구에게 전화를 건다거나, 분노가 터지기 일보직전인 상황에서 사전 예약 없이 급히 만날 수 있는 믿음직스러운 상담가가 있는가? 아니면 정서회복모임이나 알코올의존자 자주치료협회 같이 자신처럼 욱하는 성질을 조절하기 위해 노력하고 있는 다른 사람들을 만나고 이야기도 나눌 수 있는 자기계발 모임에 참여하고 있는가?

돌발성 분노가 터지기 전에 막을 수 있는 모든 방법을 익히기 바란다. 자신은 자기가 제일 잘 아는 법이다. 누가 더 잘 알 수 있겠는가?

5단계 : 돌발성 분노가 터진 상황에서 최소한의 통제력을 유지할 수 있도록 과거에 있었던 부분적 분노 경험을 자세히 살펴본다.

루시는 12세 된 쌍둥이 형제 제리와 제드의 어머니이다. 며칠 전,

제리와 제드가 자신이 재학 중인 중학교 친구들에게 대마초를 팔았다는 죄목으로 경찰이 형제를 찾으러 집에 왔다. 루시는 제리와 제드가 대마초를 피운다는 걸 알았고 탐탁지는 않았지만 막지는 못하고 있었다. 하지만 대마초를 팔고 있다는 것까지는 몰랐었다.

미셸이라는 젊은 사회복지사가 오기 전까지만 해도 상황은 괜찮았다. 하지만 미셸은 제드와 제리를 꼭 수용시설에 데려갈 작정이었고, 형제에게 차에 타라고 했다. 그 순간 루시는 폭발했고 미셸에게 욕을 퍼붓기 시작했다. 아이들에게 어서 도망치라고, 숨으라고 소리를 질렀으며 미셸과 경찰을 위협했다. 루시는 예전에 그랬던 것처럼 완전히 이성을 잃고 폭주하기 시작했다.

하지만 그 순간, 루시는 어찌어찌하여 다시 통제력을 되찾았다. 계속 욕을 퍼붓고 있긴 했지만 소리를 지르지는 않았고, 계속 큰 목소리로 싸우고 있긴 했지만 아이들에게 도망치라는 소리는 하지 않았다. 다시 말해, 싸우기는 하되 맨주먹으로 피 튀기며 싸우지는 않는 것이었다. 그 결과 루시는 부분적 분노 선에서 멈출 수 있게 되었다.

어떻게 그럴 수 있었을까? 루시는 아이들을 생각해서 멈춰야겠다고 생각했다고 대답했다.

"제가 상황을 더 나쁘게 만들고 있더라고요. 제 눈에도 그게 보이더라고요. 게다가 제가 감옥에 가거나 정신치료소에 들어가면 아이들을 못 도와주잖아요. 그래서 제 자신을 막았어요. 정말 쉽지 않았어요. 하지만 해냈죠."

부분적 분노는 욱하는 성질이 폭발하기 시작했지만 일부라도 행동을 통제할 수 있을 때를 나타내는 말이다. 만일 부분적 분노를 경험했다면 스스로에게 다음 핵심적인 질문을 해보라.

"나는 일부 통제력이라도 유지하기 위해 혼자 어떤 생각과 말과 행동을 했는가?"

이 질문에 대한 답은 말 그대로 당신이 다른 사람을 극심히 해치거나 죽이지 않게 막을 수 있는 열쇠가 되기 때문에 무척 중요하다.

다음 물음들을 다시 한 번 되짚어보라.

- 자신이 완전히 이성을 잃고 욱하는 성질을 내지 않도록 막아주는 게 무엇이라고 생각하는가?
- 욱하는 성질이 치솟으려 할 때 육체적으로는 어떤 행동을 하는가?
- 욱하는 성질을 억눌렀다면 그 억누른 분노를 어떻게 처리하는가?
- 욱하는 성질을 막기 위해 종교적인 방법을 사용하는가?
- 즉시 자신을 도와주는 가족, 친구, 전문가 혹은 자신의 증상을 이해하고 지지를 보내주는 사람이 있는가?
- 부분적 분노를 겪는 동안 다른 사람들이 해줄 수 있는 일이 있다면 무엇인가? 아니면 혼자만의 시간을 갖는 게 더 나은가?

6단계 : 안전 계획을 세워 돌발성 분노가 발생할 확률을 낮춰라.
안전 관리 계획은 지원 체계, 분노 관리 교육, 그리고 가능한 상황이라면 적절한 약물치료 받기 등으로 구성될 수 있다.

지원 체계를 만들어라

"베니, 그냥 가자."

이 상황을 연극 무대라고 가정해보자. 자정쯤, 남자 세 명이 한 술집의 바에 앉아 있다. 남자 두 명이 격한 말을 주고받고 있는 상황. 등장인물은 화를 곧잘 내고 술에 취하면 욱하는 성질이 발동하는 남자 베니, 그리고 그의 가장 친한 친구 데런이다. 데런은 베니가 이성을 잃고 날뛰는 모습을 이미 여러 차례 보았다. 마지막으로 한눈에도 술에 취해 보이는 남자 한 명. 그는 베니도 데런도 모르지만 싸울 태세를 갖추고 있다. 두 남자가 주고받는 말들이 점점 격해지면서 긴장이 높아진다. 베니가 욱해서 성질을 폭발시키기 전 그나마 통제력이 있을 때 데런이 베니를 설득하여 술집을 떠난다.

물론 심심한 결말이기 때문에 베니나 데런이 오프라 윈프리 쇼나 닥터 필 쇼(오프라 윈프리 쇼에서 인생상담 코너를 진행하던 닥터 필이 따로 진행하고 있는 독자 쇼)에 출연할 수야 없겠지만 멍청한 취객 한 명이 병원 신세나 장례식장 신세를 면했고 베니는 쇠고랑 신세를 면했다.

친구, 가족, 배우자, 신부, 목사, 랍비, 자기계발 모임 동료들, 상담가, 그리고 의사. 욱하는 성질을 고치고 싶다면 이들이 반드시 필요하다. 혼자 고쳐보겠다고 나서봐야 효과 없다. 왜 그럴까? 그것은 욱하는 성질이 폭발 일보직전인 상황이 되면 자기 혼자 말도 안 되는 이야기를 스스로에게 하기 때문이다.

"조심해! 저놈들이 날 쓰러뜨리려는 거야!", "그 후레자식을 죽여버리겠어!", "그놈은 당해도 싸!", "누가 감히 나한테 그딴 소리를 해!",

"그녀 없이 못 살아!", "그놈이 날 무시하다니!", "걔들 너무 싫어!", "난 술 안 취했어!", "이번엔 내가 복수할 차례다!" 등등은 합리적인 사람 머리에서 한꺼번에 나올 수는 없는 생각들이다. 바로, 화를 폭발시키려고 스스로 분노를 쌓고 있는 사람들이 하는 말이다.

화를 잘 내는 사람이라면 자신을 진정시키거나, 위험을 피하게 만들거나, 말로 설득시켜줄 다른 사람이 필요하다.

분노 관리 교육을 받아라

"분노 관리 방법을 배우는 게 무슨 소용 있겠어요? 너무 화가 나서 머리가 안 돌아가는 판에 필요할까요? 명상 빼고 다 효과 없는 거 아니에요?"라고 되물을 수 있다. 나의 답은 '분노 관리 방법을 최대한 많이 배워야 한다'이다.

분노 관리 교육은 구체적인 방법은 물론 동기부여까지 해준다. 욱하는 성질을 조절하도록 동기를 부여하며 실제로 그럴 수 있게 방법을 제시한다. 또한 분노 관리는 욱하는 성질이 싹틀 수 있는 토대가 되는 습관적인 생각이나 느낌을 고치도록 도와준다. 우선 분노 관리 교육을 받으면 일부 분노 증상은 완전히 없앨 수 있으며 나머지도 그 강도가 약해진다.

명상이 효과적인지 방법 교육이 효과적인지를 묻는 질문에 대해서는 '이것이냐 저것이냐의 문제가 아니다'라고 답할 수 있다. 분노 관리 방법을 배우는 동시에 명상을 취해야 할지도 모른다.

욱하는 성질을 더욱 잘 다스리기 위해서는 다음 네 가지 주요 측면에서 변해야 한다.

1. 행동을 바꿔라.
2. 생각을 바꿔라.
3. 스트레스에 반응하는 방식을 바꿔라.
4. 정신을 바꿔라.

행동을 바꿔라. 베니에게는 이 말이 술집에 가지 말라는 이야기와 같다. 왜냐하면 베니는 늘 술집에서 욱하는 성질이 폭발하기 때문이다. 문제를 일으킬 만한 장소를 피하는 것은 욱하는 성질이 있는 사람들 모두가 취해야 할 변화이다.

타임아웃 시간을 갖는 것도 행동을 바꾸는 좋은 방법이다. 훌륭한 타임아웃 시간이라면 4R을 포함해야 한다. 4R은 자신이 위험할 정도로 화가 난 상태임을 인정(Recognize)하고, 바보 같은 말이나 행동을 하기 전에 피하는 것(Retreat), 분노가 사그라질 때까지 쉬었다가(Relax) 자신을 화나게 한 상황으로 돌아가(Return) 문제를 합리적인 태도로 다루는 것이다.

공정한 싸움(Fair Fighting)도 훌륭한 전통적 분노 관리 도구이다. 이 방법은 욕설, 놀리기, 괴롭히기, 위협하기 등의 방법을 배제하고 다툼을 해결하겠다는 약속을 하는 것이다. 다른 사람이 일방적으로 자기 방식에 따를 것을 요구하기보다 자리에 앉아, 진정된 상태로, 상대방의 이야기를 잘 듣고, 긍정적인 해결책을 찾아야 한다.

생각을 바꿔라. 윌리는 로드 레이지(Road rage. 운전 중에 생기는 갈등 때문에 터지는 분노의 일종. 운전자 폭행 사건)가 있는 45세의 내과의사이다. 한번은 상대 운전자에게 너무 화가 나서 8킬로미터 내내 경적을 울리고 주먹을 휘두르며 그 운전자를 쫓아갔다.

상대 운전자가 저지른 잘못은 무엇이었을까? 추월 금지 구역에 접어드는 순간 그 차가 윌리를 앞지른 것이었다. 윌리는 격노했다. 그는 '말도 안 돼! 저건 법에 어긋나잖아. 저대로 도망치게 둘 수 없어'라는 생각으로 그 차를 뒤쫓아가며 스스로, 윌리의 표현을 빌자면 '교통 자경단원'이 된 것이다.

우리가 흔히 '로드 레이지'라고 부르는 현상은 그냥 운전을 하다 화를 내는 것과는 차원이 다르다. 운전을 하다 화가 나면 사람들은 서로 손가락질이나 하다 자기 갈 길을 간다. 하지만 윌리는 정말 욱하는 성질이 폭발하였고 극심한 분노 때문에 아무 생각도 할 수 없었다. 그는 싸울 준비가 된 정도가 아니라 도로 전체를 아수라장으로 만들 각오가 되어 있었다. 그러나 다행히도 상대 운전자는 윌리의 분노에 대해 분노로 맞대응하지 않았다. 결국 윌리는 정신을 차리고 자신이 원래 가야 했던 길로 돌아갔다.

윌리는 로드 레이지를 멈추기 위해 '반박(Disputation)' 방법을 이용했다. 이 방법은 간단히 'A-B-C-D-E' 방식으로 불리기도 하며 다음과 같은 모양이다.

A = 전조. 자신을 화나게 만드는 일.

B = 상황에 대해 화가 더 많이 나도록 만드는 부정적인 믿음.

C = 분노에 따른 결과. 홧김에 저지르는 행동.

D = 반박. B를 대신하며 화를 가라앉힐 수 있는 새로운 생각.

E = 새로운 생각이 미치는 영향. 보통 마음을 비우거나 분노에서 비롯
   된 에너지를 다른 일에 쏟는다.

윌리는 자신의 기존 사고방식을 반박하기 위해 이렇게 하였다.

A : 한 남자가 추월 금지 구역에 들어섰는데도 윌리를 추월했다. 나는
   이런 상황을 '분노의 초대(Anger Invitation)'라고 부른다. 윌리는
   보통 분노가 보내는 초대를 너무 쉽게 받아들이는 경향이 있다.

B : 이번 사건에서 윌리의 화를 돋운 믿음은 '운전을 똑바로 못하는 놈
   은 벌을 받아야 할 바보다'이다. 게다가 자신이 벌을 줄 수 있는 위
   치에 있다고 생각했다('도로 자경단원').

C : 그때부터 윌리는 그 남자 차를 뒤쫓기 시작했다.

D : '반박'은 이 방법에서 가장 중요한 단계이다. 기존에 갖고 있던 생
   각을 대신할 만한 새로운 생각을 해내야 한다. 나아가, 그 새로운
   생각이 자신에게 적합하다는 느낌을 줘야 하며 마음을 진정시키는
   데 도움이 되어야 한다. 윌리가 한 새로운 생각은 '내가 전 세계를
   지키는 교통경찰도 아니잖아. 난 의사지 자경단원이 아니야. 이런
   짓을 할 필요가 없어'였다.

E : 이와 비슷한 사건이 일어나면 윌리는 D에서 했던 새로운 생각을 자기 스스로 반복하며 긴장을 푼다. 윌리는 과거에 비해 마음이 한결 편하며, 운전을 할 때도 예전보다 기분이 좋다고 한다. 무엇보다 도로에서 분노를 터뜨리지 않음으로써 다른 사람의 목숨은 물론 자신의 목숨을 구하고 있는지도 모른다.

스트레스에 반응하는 방식을 바꿔라. 화를 잘 내는 사람이 으레 그렇듯이 윌리도 조금만 스트레스를 받으면 강력한 육체적 반응을 보인다. 그 운전자가 자신의 차 앞에 끼어든 순간 윌리는 즉시 방어 반응을 보였다. 아드레날린이 분출되고, 심장은 쿵쾅거리고, 호흡이 가빠졌다. 두뇌가 응급 상황 모드로 전환되면서 생각할 수 있는 능력이 급격히 떨어졌다.

하지만 윌리는 마음만 먹으면 뇌의 그러한 반응을 막을 수 있었다. 상황을 이해하고, 심호흡을 천천히 몇 번 쉬고, 별일 아니니까 마음을 편안히 가져야 한다고 스스로에게 되뇌었다면 괜찮았을지도 모른다. 물론 말이 쉽지 긴박한 상황에서 윌리가 실제로 그렇게 하기란 훨씬 힘들겠지만 충분한 연습을 했다면 몸이 행동 경계 태세를 취하는 대신 긴장을 풀 수 있도록 돕는 연습을 할 수 있었을 것이다.

반응 훈련은 자신이 스트레스에 반응하는 방식을 바꾸는 열쇠이다. 훈련 방법은 전통적인 심근 완화 요법, 명상, 요가, 숨쉬기 운동 등으로 무척 다양하다. 하지만 제대로 하려면 많은 연습과 반복을 해야 한다. 가끔 심호흡 몇 번 한 것으로는 훈련했다고 볼 수 없다.

반응 훈련은 분노를 예방하고 억누르는 데 모두 효과가 있다. 예방은 아예 처음부터 화를 내지 않는 것으로, 정기적으로 긴장을 푸는 연습을 할 경우 하루를 한결 기분 좋게 시작할 수 있게 도와준다. 또한 자신의 몸을 훨씬 잘 통제할 수 있다는 느낌을 받는다. 그래서 짜증스런 사건이 일어났을 때 어떻게 대처하면 될지를 확실히 알고 있기 때문에 분노의 초대를 간단한 심호흡 몇 번으로 거절할 수 있게 된다.

긴장 완화는 화를 억누르는 데도 도움이 된다. 화를 억누를 수 있게 되면 마음속에 화를 품더라도 이성을 잃지는 않는다. 화를 억누를 수 있다면 분노의 초대를 받아들였다고 해도 이성을 잃고 날뛰지는 않는다. 갑자기 욱해서 성질을 내지 않는다. 그저 잠시 화를 내다 마음을 비운다.

스트레스에 반응하는 방식을 바꾸려면 육체적·정신적 측면에서 모두 변화가 일어나야 한다. 긴장을 완화하면 생각이 가능해진다. 생각을 할 수 있으면 문제를 해결할 수 있고, 문제를 해결할 수 있으면 마음을 비우기가 한결 쉬워진다.

정신을 바꿔라. 분노 관리가 갖는 의미는 단순히 사람들에게 기술 몇 가지를 알려주는 것 이상이다. 자기 자신의 삶을 오래도록 깊이 되돌아볼 수 있는 기회를 준다.

나는 행복한가? 만족스러운가? 내 안의 평화를 찾았는가? 현재 내가 세상에서 차지하는 위치에 만족하는가? 아니면 불행하고, 의기소침하고, 우울하고, 공격적이고, 초조하며, 낙담한 상태인가?

이미 예상했겠지만 욱하는 성질이 있는 사람들은 주로 후자에 속한다. 흔히 지독하게 불행한 사람들이다. 모든 사람에게, 모든 일에 대해 희망을 잃은 상태일 수도 있다.

이 책을 읽는 당신도 욱하는 성질이 있을 수 있다. 만일 자신에게 그러한 성향이 있다면 시간을 갖고 자신의 삶을 자세히 들여다보기 바란다. 만일 이참에 자기 문제를 남 탓으로 돌리는 데 쓸 예정이라면 아예 시작을 하지 마라. 자신의 삶을 돌이켜보는 목적은 그게 아니다. 대신 자신의 삶을 좋게 혹은 나쁘게, 즐겁게 혹은 불행하게, 긍정적으로 혹은 부정적으로 만드는 게 무엇인지를 찾아보라.

- 사람을 볼 때 단점보다는 장점부터 찾는 편인가?
- 남이 자신을 돌봐주길 바라기보다 자기 삶은 자기가 책임져야 한다고 생각하는가?
- 냉담하게 굴거나 비난하기보다 따뜻한 관심을 보이거나 칭찬을 많이 하는 편인가?
- 삶의 목적을 갖고 사는가 아니면 마지못해 떠밀리듯 살고 있는가?
- 자신의 가족, 친구 그리고 지역사회와 긴밀한 관계를 맺고 사는가, 고립되고 소외되었는가?
- 자신의 존재보다 높은 차원의 힘과 연결된 느낌을 갖고 의미 있는 종교 생활을 하고 있는가?

진심으로 욱하는 성질을 고치고 싶다면 행동, 생각, 느낌, 정신 모두를 바꿔야 한다.

적절한 약물치료를 받을 수 있게 관리하라

욱하는 성질이 있는 사람들은 약물치료 받기를 꺼린다. 이들이 약물치료를 꺼리는 이유에는 여러 가지가 있다. 첫째, 약의 힘을 빌지 않고 자신의 삶을 조절하고 싶은 마음이 있기 때문이다. 혹은 부작용을 두려워하거나 아니면 자신의 욱하는 성질을 대수롭지 않게 생각해서 그럴 수도 있다.

또 다른 이유로는 욱하는 성질을 고치려면 마약이나 술을 끊어야 하는데, 끊기 싫어서 그럴 가능성이 있다. 분노를 터뜨렸을 때 돌아오는 대가가 너무 크기 때문에 솔직히 멈추기 싫을 수도 있다. 아니면 약물치료를 받는 것 자체가 자신의 종교적 원칙에 어긋나서 그럴 수도 있다. 하지만 가장 큰 이유는 자신이 꼭 약물치료까지 받아야 하나, 라고 생각하기 때문이다.

몇 가지 반론을 제시하겠다. 욱하는 성질이 있는 사람은 언제 터질지 모르는 시한폭탄 같은 존재이다. 그 성질을 고치지 않으면 다른 사람의 목숨은 물론 자신의 목숨도 위험하며 주위 모든 사람의 삶을 불행에 빠뜨린다. 욱하는 성질을 조절하기 위해 최선을 다하지 않는 것 자체가 자신의 아이들에게 상처를 주는 일이다. 약물치료를 받지 않을 경우 결국 배우자, 가족, 직장, 건강 그리고 삶을 송두리째 잃게 될 수 있다.

앞서 2장에서는 욱하는 성질이 있는 사람의 뇌는 결함이 있을 가능성이 높다는 주제로 이야기를 했다. 약물치료를 꺼리는 분이라면 그 부분을 다시 자세히 읽어보라. 좀 더 단도직입적으로 말하자면, 뇌가 제대로 작동하지 않는 상황에서 어떻게 욱하는 성질까지 조절할 수 있겠는가?

욱하는 성질을 타파하는 효과적인 프로그램에는 약물치료, 분노 관리, 훌륭한 지원 체계가 필수 요소이다.

> 7단계 : 장기적인 문제에 집중하여 자신에 대한 인식이나 세계관을 완전히 바꾸어라. 목표는 타인들 속에서도 안정감을 느끼고, 자신을 아끼고, 정상적이고 건강한 사고를 갖는 것이다.

욱하는 성질이 있는 사람은 일반적으로 엄청난 불안감에 시달린다. 그들은 세상은 무섭고 위험하며, 사람들은 위협적이고, 관계는 깨지기 쉽다고 생각한다. 아무도 믿을 수 없다. 하지만 문제는 바깥세상만이 아니다. 자기의 내면세계 역시 '텅 빈 느낌', '약하고 자신감 없고 무능력한 실패작', '무력감', '쓸모없는 존재라는 느낌' 등으로 불안정하고 불확실하다. 욱하는 성질이 있는 사람은 거의 모두가 존재감이 뿌리부터 흔들리는 상태이다.

이런 태도 역시 바뀌어야 한다. 욱하는 성질이 있는 사람들은 자기 안에 있는 적과 싸워야 한다. 여기에는 버림받은 경험, 육체적 폭력이나 성폭력, 지나친 비난이나 창피, 충격적인 경험, 아니면 심각한 무력감 같은 것들이 포함되어 있다.

이를 해결하려면 믿음직한 친한 친구와 이야기를 나눈다거나, 전문 가에게 심리 치료를 받아야 한다. 어떤 사람은 단순히 독서를 하거나 생각할 시간을 가지며 혼자 머릿속으로 이야기를 정리하는 방식으로 해결하기도 한다. 종교적 혹은 다른 영적 개발도 상당한 도움이 된다. 하지만 무엇보다 욱하는 성질을 가진 사람들은 시간을 두고 자기 자신과 친구가 되어야만 한다. 그래야만 그들이 사는 세상이 안전해질 수 있다.

물론, 한 사람이 인식하는 안전이 단순히 정서 상태와만 연관된 것은 아니다. 현실적으로 안전한 환경에서 살아야만 안전한 느낌을 가질 수 있다. 허리케인 카트리나 때문에 뉴올리언스 주의 슈퍼돔에서 머물러야만 했던 생존자들에게 목마르고, 배고프고, 사방에서 총성이 들리는 상황에서 자신이 안전하다고 생각하길 바라는 건 말도 안 된다. 목표는 인생의 내적 안전과 외적 안전을 모두 느끼는 것이다.

자신이 욱하는 성질이 있다면, 앞으로 장기적으로 봤을 때 어떻게 욱하는 성질을 고칠 수 있을지를 계획해야 한다. 앞으로 어떤 삶을 살고 싶은가? 어떻게 해야 자신을 더욱 아낄 수 있을까? 어떻게 해야 인생을 내적·외적으로 더욱 안전하고 안정적이게 만들 수 있을까? 긍정적인 계획을 세우고 그것을 어떻게 달성할지 계획하라. 더 나은 삶을 살아라. 그래야만 분노에 대한 충동이 줄어든다.

chapter 4

잠재적 분노,
개인적 보복, 폭주

새뮤얼의 잠재적 분노

올해 20세인 벽돌공 새뮤얼의 잠재적 분노는 3년 전 그가 무장 강도 죄로 복역했던 때부터 시작되었다. 새뮤얼의 이야기를 들어보자.

"감옥에 갇혀 있는 동안 심하게 취한 상태에서 깨어나기 시작했습니다. 저는 아무것도 할 수 없었고 극도로 화가 나 있었던 터라 취한 상태에서 깨는 과정이 더욱 힘들었습니다. 그때 제가 무척 의지하는 사람으로부터 제 여자친구가 제 가장 친한 친구와 사귀고 있으며 둘이 동거하고 있다는 소식을 전해 들었습니다. 처음에는 이해할 수 있었지요. 감옥에 삼 년이나 있어야 하는 판에 제가 무슨 권리로 그녀더러 기다리라고 하겠어요? 하지만 편지를 계속해서 여러 번 읽다 보니 분노가 차츰 쌓이더라고요. 감금 명령을 받고 감옥 안에서 꼼짝달싹 못하는 상황이었습니다. 그게 오히려 불에 기름을 붓는 격이었죠. 무지막지하게 화가 났습니다. 닥치는 대로 다 부수고 싶었어요. 제 친구와 여자친구가 같이 있는 모습을 계속 떠올렸어요. 속이 뒤집히는 느낌이었죠. 결국 저는 누군가에게 분노를 쏟아내야 했기 때문에 저와 한방을 쓰는 사람과 싸웠습니다. 그는 저와 같은 방을 쓴다는 이유로 싸움에 말려든 것이죠. 어쨌든 싸움도 제 화를 가라앉히는 데 별 도움이 되지 못했습니다. 너무나 오랜 시간 동안 그 분노를 가슴에 품고 살았어요. 워낙 오랜 시간이 지난 일이라 요즘에는 잠시 잊을 때도 있습니다. 하지만 그것도 잠시, 곧 전보다 더 강력하게 분노가 밀려옵니다. 어떨 때는 멍하니 있다가도 계속해서 공격적이고 분노에 찬 사람으로 남기 위해 일부러 마음속에 있는 분노를 끌어냅니다. 그들을 상처 줄 방법을 떠올리며 몇 시간 동안 복수할 계획을 짤 때도 있습니다. '이러면 안 돼'라고 생각하면서도 멈출 수가 없어요. 감옥에서 나가기만 하면 오직 제가 고통받은 것처럼 그들도 고통받게 해주겠다는 생각뿐이에요."

새뮤얼이 잠재적 분노를 느낀 건 이번이 처음은 아니다. 사실 새뮤얼은 습관적으로 화를 내고 있다.

"복수를 꿈꾸며 해묵은 감정을 쌓아두는 경향이 있어요. 악감정을 품어봤자 결국 저에게도 상대방에게도 해롭다는 거 알아요. 저와 비슷한 분노 증상을 보이는 사람에게 해줄 수 있는 충고는 하루빨리 치료를 받으라는 거예요. 가만두면 분노는 점점 심해지기만 하거든요."

잠재적 분노와 돌발성 분노의 다른 점

지금까지 이 책에 등장한 사람들 거의 모두가 욱하는 성질이 예상치 못한 상황에서 급작스럽게 발생했다고 설명했다. 그들은 돌발성 분노를 경험한 것이다. 하지만 그것 외에도 또 다른 방식으로 나타나는 분노가 있다. 이 두 번째 종류는 생성 방식이 다르다. 생존력, 무력감, 수치심, 버림받은 느낌 등과 같이 욱하는 성질을 일으키는 요소들은 같지만 위협 요소가 돌발성 분노에 비해 천천히 축적되는 대신 오래간다. 그리하여 이 두 번째 종류의 분노는 잠재적 분노라고 한다.

돌발성 분노는 대체로 즉각적인 분노에 대한 반응이다. 반면 잠재적 분노는 과거에 당했던 모욕이나 상처에 대한 반응이다.

잠재적 분노는 자신이 불공평한 상황에 처했다고 느꼈을 때에 대한 반응으로 서서히 쌓인다. 이러한 분노는 마그마처럼 이성의 완전한 통제 아래에서 수년 간 이글거리다 마침내 밖으로 표출된다.

즉, 분노에는 두 가지 종류가 있다. 하나는 돌발성 분노로, 돌연 태풍처럼 급작스럽고 강력하게 나타나 사람들의 삶을 무참히 휘저어놓고는 나타난 것만큼이나 빠르게 사라진다. 돌발성 분노는 흔히 볼 수 있으며 굉장히 충격적이다. 눈에 띄고 강력하기 때문에 즉시 주목을 받는다. 그 누구도 돌발성 분노를 나타내는 사람을 모르는 척하지는 못할 것이다.

그런데 사람들이 분노를 터뜨리는 방법이 또 하나 있다. 이 경우에는 태풍이 천천히 형성되며 미리 여러 가지 경고 신호를 보낸다. 하지만 그럼에도 불구하고 막지 못한다. 만일 돌발성 분노를 예정에 없던 태풍이라 한다면 잠재적 분노는 매년 아시아 지역을 강타하는 충분히 예측이 가능한 몬순 현상이라고 할 수 있다.

잠재적 분노란 무엇인가?

잠재적 분노는 특정 개인이나 집단에 대해 오랫동안 분노가 축적되었을 때 나타난다. 잠재적 분노에는 피해의식, 어떤 사건에 대한 병적인 집착, 범죄자에 대한 도덕적인 분노와 증오, 복수에 대한 환상, 그리고 간혹 범죄자를 계획적으로 습격하는 행동 따위가 포함된다.

새뮤얼은 잠재적 분노를 경험한 것이다. 그는 자신이 받은 상처를 계속해서 머릿속에 떠올렸다. 다른 생각을 하려고 해도 그 상처가 계속 머릿속에 떠오르는 것이었다. 게다가 시간이 가면 갈수록 화는 커져만 갔다. 그는 자신에게 상처를 준 전 여자친구나 절교한 친구에 대한 복수를 꿈꿨다. 화가 누적되자 분노는 증오로 바뀐다. 자신이 믿었던 사람에게 배신당했다는 생각과 그러한 행위 자체에 대해 도덕적인 분노와 충격을 느끼는 것이다.

잠재적 분노 중에서도 특히 상대에게 도덕적인 차원에서 분개하는 경우가 가장 위험하다. 이럴 경우 새뮤얼 자신은 순진무구한 피해자가 되고 전 여자친구와 친구는 괴물이나 악마 같은 존재, 혹은 파멸되어야 할 악덕한 사람들로 그려지게 된다.

잠재적 분노가 있는 사람들 거의 모두가 그렇듯 새뮤얼 역시 자신을 화나게 만든 사람들을 쉽게 용서하지 못한다. 이러한 현상을 보이는 사람 대부분이 자신을 다치게 한 사람들은 도덕적으로 타락하였으며 괴물 같고 악마 같은 존재라고 굳게 믿는다.

그렇다면 새뮤얼이 가석방위원회 앞에서도 자신이 복수를 꿈꾼다는 말을 할까? 물론 안 한다. 이야기하면 큰 문제가 되어 평생을 감옥에서 보낼 수도 있다는 걸 알기 때문이다.

잠재적 분노를 갖고 있는 사람들은 보통 자기가 얼마나 화가 났는지를 감춘다. 그래서 눈에 보이지 않는 곳에 엄청난 크기의 분노가 쌓여 있는데도 그것을 한눈에 알아차리기 힘들다. 그러나 위험성이 높은 종류의 분노인 만큼 이를 알아차리는 일은 중요하다.

종종 욱하는 성질을 가진 사람의 방어기제가 무너지며 수년 간 억눌려 있던 분노가 쏟아져나오는 것을 볼 수 있다. 이러한 성질을 가진 사람들은 이때가 가장 위험하다. 특히 그 혹은 그녀에게 복수할 계획을 세운 상태라면 더욱 그렇다.

개인적 보복과 폭주

새뮤얼은 두 사람, 즉 가장 친한 친구였던 사람과 자신의 전 여자친구에게 화가 난 상태이다. 그들이 자신을 배반했다는 생각에 그는 그들에게 복수를 꿈꾼다. 이들은 새뮤얼의 영원한 숙적이 된 것이다. 복수를 하지 않는 한 새뮤얼은 편히 쉴 수 없다.

잠재적 분노의 가장 일반적인 예는 새뮤얼 같은 경우이다. 자신을 아프게 한 숙적과 영원한 전쟁을 하겠노라고 맹세하는 개인적 보복인 것이다. 문학 속에서 개인적 보복을 위해 애쓰는 대표적인 캐릭터는 에이하브 선장이다. 그는 허먼 멜빌의 유명한 소설 《모비딕》에서 자신의 숙적인 흰고래를 잡으려다 죽고 만다. 좀 더 밝은 분위기의 예를 들자면, 피터팬에 나오는 후크 선장인데 그에게도 숙적이 있었다. 바로, 뱃속에 자명종이 있던 악어였다.

그러나 최근 들어 특히 무서운 잠재적 분노가 등장하였다. 이러한 종류는 욱하는 성질이 있는 사람이 개인은 물론 기관까지도 공격할 때 나타난다. 우체국 직원들이 일터를 봉쇄하는 사건이 몇 번 있었기 때문에 몇 년 전까지만 해도 이러한 분노를 '우체부 되기'라고 했다. 하지만 최근에는 청소년들이 공격자가 돼서 자신이 다니던 고등학교를 공격하는 일이 있었다. 이러한 분노는 폭주라고 한다. 화를 내는 사람이 환상에서건 현실에서건 학교, 기업, 정부 기관 같은 특정한 집단을 주된 공격자라고 지목하며 그쪽을 향해 화를 낼 때를 잠재적 분노라고 한다.

폭주에 대한 일부 연구를 보면 분노와 폭주의 차이를 분명히 알 수 있다. 캐서린 뉴맨은 폭주하는 아이들은 분노가 많은 보통의 어린이 혹은 청소년 들의 모습, 즉 수업 시간에 소란을 부려 교실에서 쫓겨난다거나 법을 어기는 모습 등이 나타나지 않는다고 말한다. 오히려 폭주하는 아이들은 아웃사이더(아니면 스스로를 아웃사이더라고 인식)가 많다고 한다. 즉, 다른 아이들과 잘 어울리지 못하고, 학교생활에 잘 적응하지 못하며, 언저리에서 맴도는 경우가 많은 것이다.

뉴맨은 이런 학생들은 선생님이나 상담가 혹은 학교 당국의 관심을 끌지 못한다고 말한다. 그래서 이들이 속으로 한두 사람 정도가 아니라 학교 전체에 대한 분노를 천천히 쌓고 있는데도 아무도 눈치채지 못하는 것이다.

이들은 다른 학생들이 자신을 소외시킨다는 까닭으로, 선생님이 자신을 무시한다는 까닭으로, 학교 당국이 자신을 통제할 수 있다는 까닭으로 그 대상을 증오한다. 그러다 마음속에 가득 찬 그 증오를 더 이상 이길 수 없을 때 '체제'를 공격하는 것이다. 공격은 보통 어느 날 갑자기 총을 들고 나타나 학생들과 선생님들을 닥치는 대로 쏘는 방식으로 진행된다.

잠재적 분노에 대한 진단

분노가 특정 개인을 향해 표출되든 큰 모임을 향해 표출되든 잠재적 분노는 항상 위험하다. 다음 질문으로 자신에게 잠재적 분노 증상이 있는지 혹은 증상이 생길 가능성이 있는지를 알아보자.

- 예전에 받았던 상처나 모욕이 자꾸 생각나는가?
- 과거에 당했던 모욕에 대한 분노가 시간이 갈수록 약해지거나 사라지는 게 아니라 강해지는가?
- 자신을 아프게 한 사람에게 복수하는 상상이 강렬하게 들 때가 있는가?
- 자신에게 저지른 짓 때문에 사람들이 미운가?
- 티를 안 내서 그렇지 속으로 얼마나 화가 났는지를 알면 사람들이 많이 놀랄까?
- 요즘 사람들이 아무 처벌 없이 은근슬쩍 넘어가려는 일들을 보면 화가 치솟는가?
- 다른 사람을 잘 용서하지 못하는 편인가?
- 화가 '누적'되는 상황에서도 다른 사람에게 그 사실에 대해 말을 하지 않는가?
- 다른 사람이 자신에게 한 짓을 되갚아주기 위해 고의적으로 상처(육체적으로나 말로)를 준 적이 있는가?
- 자신의 불행이 특정 사람(모임, 단체 혹은 기관) 탓이라고 생각하는가?
- 다른 사람들이 "과거에 그만 집착하고 자기 인생을 살아"라고 말하는가?

자신에게 잠재적 분노 증상이 있다고 느꼈다면 이번 장이 도움이 될 것이다.

잠재적 분노를 예방하는 방법

잠재적 분노가 인생을 좌지우지하지 못하도록 예방하기 위해 따를 수 있는 여섯 단계를 소개하겠다.

1단계 : 선택의 여지는 늘 있다.

맥스, 비니, 찰스는 오랜 친구이며 방을 함께 썼다. 그들은 대학 졸업 후 함께 사업을 시작했고, '삼형제 유기농 음식점'을 열었다. 레스토랑 이름에도 드러나듯 이들은 형제처럼 가깝게, 서로에 대한 사랑과 믿음으로 가득했다.

그러던 어느 날 찰스가 도박에 빠졌다. 처음에는 친구들과 가끔 카지노에나 가는 정도였다. 그러다 일주일에 세 번으로 늘어났고, 결국에는 날마다 가게 되었다. 찰스는 잃은 돈을 따겠다고 덤벼들었다가 갖고 있던 돈 전부를 탕진했고 빚까지 지게 되었다. 머지않아 찰스는 회사 돈으로 도박을 하기 시작했다.

맥스와 비니가 이 문제를 알았을 때는 이미 음식점을 살리기에 늦은 상황이었다. 찰스는 자금 횡령으로 기소되었지만 그의 변호사가 합의를 이끌어내 형량을 채우는 대신 도박중독치료센터에서 30일, 사회 복귀 시설에서 1년을 보낸 후 풀려났다. 찰스는 그동안 도박을 끊고 새사람이 되었다. 그는 도박중독자 자주치료협회 같은 자기계발 단체에도 가입했다.

찰스는 자체 갱생 프로그램을 꾸준히 단계대로 밟아갔다. 이제 그는 인생에서 맥스와 비니에게 한 잘못을 바로잡아야 하는 시기에 도달했다. 찰스는 자신이 입힌 피해를 보상하기 위해 맥스와 비니에게 각각 수천 달러씩을 갚을 계획도 세운 상태이다. 그래서 찰스는 이에 대한 더 자세한 이야기를 나누기 위해 맥스와 비니에게 만나자고 연락을 했다. 여기서 맥스와 비니는 찰스를 어떻게 대할지를 선택한다.

맥스는 찰스에게 이렇게 말했다.

"그래, 만나자. 네 생각 자주 했어. 물론 아직도 네가 한 일을 생각하면 화가 나. 하지만 네가 얼마나 좋은 사람인지도 생각해. 언제 한번 놀러 와."

맥스는 지난 1년 반 사이 새로운 사업을 시작했다. 그는 유기농 협동조합을 운영하며 다시 수년 안에 새 음식점을 열겠다는 꿈을 키우고 있었다. 맥스는 찰스 때문에 자기 인생을 망칠 수 없다며 '지나간 일은 지나간 일이야. 내가 계속 찰스가 저지른 짓을 붙잡고 슬퍼해봤자 나만 비참하지'라고 스스로를 다독였다.

반면 비니는 정반대의 반응을 보였다.

"찰스, 난 네가 한 짓 절대 용서 못해. 넌 배신자야. 넌 날 배신했어. 내 인생을 망쳤다고. 앞으로도 영원히 널 증오하겠어. 난 네가 저지른 짓을 날마다 떠올리지. 어차피 네가 아무리 애써봤자 네가 입힌 피해를 갚지 못해. 그러니까 애쓸 필요도 없어. 그리고 내 눈앞에 얼씬거릴 생각도 하지 마. 나타나면 묵사발을 만들어버릴 테니까."

잠재적 분노는 상처가 곪은 것과 비슷하다. 긁으면 긁을수록 피가 더 많이 나고, 오래될수록 더 큰 상처를 준다. 상처를 치료하지 않으면 몸이 손상되듯 결국 잠재적 분노도 치료하지 않으면 영혼에 상처를 남긴다.

그게 비니의 현재 모습이다. 그는 돌발성 분노처럼 화가 급격히 치솟은 건 아니지만 서서히, 서서히 화가 쌓이고 있는 상태이다. 비니는 음식점을 잃은 게 하도 속이 상해서 한밤중에도 자다가 깨기도 한다. 그는 찰스를 얼마나 증오하는지 'ㅊ'자만 들어도 이를 박박 간다. 비니는 찰스를 두들겨 패는 상상, 심지어는 죽이는 상상까지 한다. 게다가 비니는 이 불행한 사건을 뒤로하고 앞으로 나아가려 하기는커녕 악감정을 붙잡고 있으려 한다. 마치 자기 인생을 제대로 사는 것보다 오랫동안 고통받아온 피해자 노릇을 하는 걸 더 선호하는 것처럼 말이다. 그의 분노는 치유되지 않는 상처이다.

그렇다면 이들의 선택은 어떤 결과를 낳았을까? 맥스가 과거를 뒤로하고 앞으로 나아간 반면 비니는 과거에서 헤어나오지 못하고 있다. 비니는 음식점이 넘어간 이후 변변한 직장을 구한 적이 한 번도 없다. 자기 이야기를 들어주는 사람에게 끊임없이 찰스가 망쳐놓은 자기 인생에 대해 늘어놓았다. 비니는 주로 우울하고 화가 난 상태로 무력감에 가득 차 하릴없이 지냈다. 더 큰 문제는, 비니가 찰스 전화를 받은 이후로 화가 더 많이 났다는 점이다.

"그런 짓을 하고도 자유인이 되어 동네를 활보하고 다닌다니, 말도 안 돼! 불공평해. 누가 나서서 조치를 취해야 돼."

비니는 최근 들어 차를 타고 찰스가 사는 동네를 지나간다. 날마다 새벽 두 시에 전화하기부터 타이어에 펑크 내기까지 등 어떻게 하면 찰스를 짜증나게 만들 수 있을지 고민한다. 이렇게 분노가 쌓인 상황에서 비니가 무슨 짓을 저지를지 누가 알겠는가?

아직도 선택의 여지가 남아 있다는 걸 비니가 깨닫기만 하면 지금처럼 날마다 옛 상처를 들춰 피가 날 때까지 쑤시지 않을 수 있다. 비니는 옛 상처를 긁지 않아도 된다. 하지만 긁지 않겠다는 선택을 하는 대신 계속 피해자로 남겠다는 판단을 한 것이다.

맥스는 과거를 뒤로하고 자기 삶을 살았기 때문에 현재 잘 살고 있다. 반면 비니는 잠재적 분노가 자신의 삶을 조종하도록 두는 바람에 불행한 삶을 살고 있다.

당신도 잠재적 분노에 조종 당하느냐 안 당하느냐를 선택할 수 있다. 맥스 같은 삶을 살겠는가, 비니 같은 삶을 살겠는가?

2단계 : 분노가 치솟는 것을 예방하기 위해 불평하기보다는 마음의 평화를 위해 의식적으로 노력하라.

잠재적 분노는 발달하는 데 시간이 걸린다. 모래시계에서 모래가 조금씩 떨어지는 모습을 연상해보라.

지금부터 모래시계의 상단은 모든 분노로부터 자유로울 때 느끼는 평온한 상태라고 가정하겠다. 이런 상태에서는 보통 안정감, 고요함, 즐거움, 만족감을 느낀다. 모래시계 하단은 위쪽과 정반대로 불만족, 불행, 비참함, 자기 연민 같은 감정이 모이는 공간이라고 하자. 바로 이 모래시계 하단이 잠재적 분노가 쌓이는 곳이다.

하단으로 떨어지는 모래알갱이 하나하나는 새로운 짜증, 다툼, 도덕적 분노, 자신이 모욕이라고 인지한 상황 등을 상징한다. 어떤 모래 알갱이는 오래전에 받은 상처를 상징할 수도 있다. 다른 알갱이는 더 즉각적인 분노에 따른 것이다.

　서서히 모래알갱이는 여러 주에 걸쳐, 여러 달에 걸쳐 혹은 수년에 걸쳐 쌓인다. 그리하여 결국 엄청난 양의 모래알갱이가 쌓이게 된다. 기분이 나쁘면 나쁠수록 모래시계 하단은 더욱 가득 찬다. 이렇게 해 서 모래시계 하단에 분노가 가득 차게 되면 결국 욱하고 성질이 폭발 하고 만다. 즉, 잠재적 분노는 인생이 오랜 시간 동안 점점 나빠져왔 을 때에만 생긴다.

　화가 잠재적 분노로 바뀌는 모습을 잠자코 지켜보고만 있을 게 아 니라 조치를 취해야 한다! 모래시계를 뒤집어라. 그렇게 하면 골칫거 리를 상징하던 모래알갱이가 상처의 치유, 인생의 여러 문제에 대한 긍정적인 대책, 그리고 만족감을 상징하게 된다. 모래알갱이가 떨어 질 때마다 마음은 더욱 평화로워지고, 욱하는 성질이 치솟을 가능성 은 더욱 낮아지는 것이다.

　이 모래시계 비유를 설명하다 보니 내가 개인적으로 굳게 믿는 말 이 떠오른다.

　'인생은 늘 점점 나아지거나 점점 나빠질 뿐이다.'

　모래시계를 뒤집는 일은 혁명과도 같은 과정이다. 하지만 일단 성 공하면 자신에 대해서도 세상에 대해서도 오랫동안 느껴보지 못했던 행복을 느낄 수 있을 것이다. 앞으로 소개할 세 번째 단계에서는 어떻 게 생각하고 행동해야 더 큰 만족을 얻을 수 있는지를 알려준다.

잠재적 분노는 속상했던 일을 마음에 담아뒀을 때 생긴다. 누가 자신에게 함부로 했다거나, 전화를 주기로 했는데 연락이 없었다고 가정하자. 그런 일이 생겼을 경우에 '그게 인생이지 뭐, 대수로울 거 있나'라고 생각하면 그 일은 그렇게 끝나는 것이겠다. 그러나 상처를 담아두고 계속 곱씹으면 '어쩜 그럴 수가 있어? 자기들이 뭐 대단하다고!'라고 생각하게 되면서 그 사람을 더욱 미워할 구실을 찾게 된다. 물론 욱하는 성질이 속상한 마음이 좀 들었다고 해서 터지는 것은 아니며 속상한 마음이 무조건 잠재적 분노로 변하는 것은 아니다.

문제는 이런 식으로 분노를 터뜨리는 사람은 더 이상 견디기 힘들 때까지 상처를 머릿속에 쌓고 또 쌓는다는 것이다. 다른 사람들이 자신을 어떻게 공격하고 배반하였는지에 대해 생각하고 또 생각한다. 그들은 인생이 불공평하다는 사실에 매달리는 한편, 마음속은 분노로 들끓고 있다. 그러다 결국 '이제 더는 못 참겠다' 싶으면 욱하고 성질이 폭발하는 것이다.

욱하는 성질을 예방할 수 있는 방법 중 하나는 분노를 키우지 않는 것이다. 그러기 위해서는 주기적으로 자신의 정신 상태를 스스로 점검할 수 있는 특별한 방법을 마련해야 한다.

오늘, 그러니까 현 상황을 생각해보자. 지금 현재 속상한 일은 없는가? 배우자와의 갈등이나, 직장 생활에서 일어난 갈등, 부모님이나 형제 혹은 자식과의 다툼, 치료가 불가능한 육체적인 문제, 친구와의 다툼, 혹은 최근 일어난 정치적인 사건, 경제적인 어려움, 우리가 살고 있는 세상, 이 모든 게 잠재적 분노를 더욱 커지게 할 수 있다.

단적인 예를 하나 들겠다. 방을 함께 쓰는 모건과 제니는 케이블 비용을 놓고 누가 무엇을 정확히 얼마나 낼지를 두고 다투고 있다. 모건은 제니와 상의 없이 지난달부터 케이블을 신청했다. 모건은 케이블을 신청하면 좋을 것 같다고 제니가 동의한 줄 알았고, 제니가 케이블 비용의 반을 부담해야 된다고 생각한다. 제니는 자신이 케이블을 신청한 것도 아니고(하지만 케이블을 시청했다) 필요도 없으니 돈을 낼 필요가 없다고 생각한다.

우체통에 케이블 청구서가 왔다. 그 순간 모건은 자신이 취할 수 있는 모든 행동을 고려해보아야 한다. 하나는 모건이 혼자 안달복달하며 속을 끓이다 대수롭지 않은 일을 머릿속에서 크게 확대시켜버리는 것이다. 하지만 이럴 경우 그 마음은 모래시계 하단으로 떨어지는 모래알갱이가 되어 제니에 대한 잠재적 분노가 쌓일 것이다. 만일 그런다면 앞으로 함께 방을 쓰며 지내는 시간이 지옥 같을 것이다.

다른 한 가지 방법은 모건이 이 케이블 요금 문제를 밤잠을 설칠 정도의 큰 문제로 확대하지 않고 넘어가는 것이다. 잠재적 분노를 더 커지지 않게 막아야 하는 순간은 항상 지금이다. 자신의 인생이 송두리째 망가지는 모습이 머릿속에 각인되기 전에, 분노가 삶의 즐거움을 모두 앗아가기 전에, 빠르면 빠를수록 좋다. 그렇기 때문에 날마다 '나는 오늘 내 마음속에 분노를 키우지는 않았나?'라고 자신에게 물어야 한다. 만일 키웠다고 대답했다면 아직 분노가 자그마한 크기일 때 그만 버리자. 지금 버리는 편이 나중에 분노가 더 크고 강력해졌을 때 버리는 것보다 훨씬 쉬울 것이다.

그렇다면 자신이 분노를 키우고 있다는 걸 깨달았을 때 어떻게 해야 할까? 가장 좋은 방법은 화의 원인을 제공한 사람에게 직접 찾아가 자신의 고민을 이야기하는 것이다. 즉, 함께 문제를 풀어가는 것이다. 쉽게 고칠 수 있는 단순한 오해였을 수도 있고, 실제로 생각의 차이가 클 수도 있다. 하지만 상호 의견을 존중하는 속에서 토론한다면 악감정이 자라기도 전에 없어질 것이다.

합당한 이유 없이 기분이 나쁜 경우도 있으니 상대방과 만나기 전에 무엇이 자신을 화나게 하고 속상하게 만드는지 정리한 후 만나라. 또한 아래에 설명할 '반박' 방법을 이용하라. 새로운 시선으로 문제를 바라볼 수 있게 도와줄 것이다.

4단계 : 반박 방법을 이용하여 잠재적 분노의 원인이 되는 분노에 반박을 해보라.

언제부터 악감정이 쌓이기 시작했는지 알아내는 것도 중요하지만, 어떻게 해야 그런 마음이 없어질까도 중요하다. 3장에서 설명했던 A-B-C-D-E 반박 방법을 이용하는 것도 한 방법이다. 다시 한 번 간단하게 내용을 짚고 넘어가겠다.

목표는 부정적이고 화를 부추기는 생각을 긍정적이고 화를 낮추는 생각으로 대체하는 것이다. 예를 들어, 비니의 '찰스가 내 인생을 망쳤어. 나아가질 못하겠어'라는 생각을 맥스의 '찰스가 내 인생을 망치게 할 순 없어'라는 생각으로 대체했을 때 얼마나 마음이 가벼울지 상상해보라. 만일 그런다면 더 이상 자기 분노에 갇혀 제자리걸음만 하고 있지는 않을 것이다.

마음만 먹으면 언제든지 덜 부정적인 눈으로 모든 걸 볼 수 있다. 잠재적 분노는 다른 사람이 하는 말이나 행동을 최대한 부정적으로 받아들일 때 발생한다. 그러니까 꼭 3장에 있는 반박 방법을 읽어보고 새로운 방식으로 생각할 수 있게 노력하라.

5단계 : 분노를 약화시키기 위해 공감하는 법을 연습하라.

도덕적 분노는 잠재적 분노에 기름을 붓는 격이다. 잠재적 분노를 안고 있는 사람들은 자신에게 상처를 입힌 사람들을 악랄하고, 부도덕하고, 벌을 받아 마땅하며, 사악하다고 생각한다.

이러한 도덕적 분노에 대한 대책은 공감이다. 공감이란, 상대방이 어떤 생각을 하고 느끼는지를 잘 이해하기 위해 남의 입장에 서보는 것이다.

하지만 공감이 다른 사람을 위한 핑곗거리를 만드는 것과 같은 건 아니다. 상대방에게 아무리 연민을 느끼고 또 그 사람을 이해한다고 해도 자신이 한 행동은 자신이 책임져야만 한다. 그러나 공감하는 연습을 하면 '난 착해, 네가 나쁜 거야'라는 생각에서 '우리 둘 다의 문제구나'라는 생각으로 바뀌게 된다.

비니는 중독에 대한 공부, 특히 도박 중독에 대한 공부를 통해 찰스의 행동에 조금 더 공감할 수 있을 것이다. 다음의 간단한 질문으로 비

니는 쉽게 찰스 입장에서 생각해볼 수 있다.

- 찰스는 어떻게 도박에 빠지게 된 걸까?
- 왜 그만두지 못했을까?
- 찰스는 점점 나락으로 떨어지며 어떤 생각과 감정이 들었을까?
- 찰스는 현재 어떤 모습인가?

공감에는 기본적으로 두 종류가 있다. 하나는 다른 사람의 사고방식을 진정으로 이해하기 위해 노력하는 것으로 인지적 공감(cognitive empathy)이라고 한다. 우선 자신이 싫어하는 사람이나 물건을 떠올려서 화를 더한다. 그다음, 자신이 그 사람 처지에 있다고 생각해보라. 만일 당신이 그 사람 입장이었다면 그때 어떤 생각을 했을까? 그 사람에게 가장 중요한 게 무엇일까? 그 사람이 인생에서 가치 있다고 여기는 것, 바라는 것, 필요한 것은 무엇일까?

다른 한 가지는 정서적인 것으로, '문제가 발생했을 때 그 사람은 어떤 느낌이었을까? 무서웠을까? 화가 났을까? 수치스러웠을까? 슬펐을까?'와 같은 질문을 통해 정서를 이해하는 데 초점을 두고 있다.

마음속에서 싹트던 분노를 공감으로 푼 예를 들겠다.

샌디의 양딸 베츠는 13세다. 베츠는 자신의 어머니와 샌디가 결혼한 뒤 처음 몇 달은 샌디와 거의 아무 말도 하지 않았다. 솔직히 샌디가 일을 마치고 집에 돌아오면 방으로 들어가버렸으니, 무시하는 거나 다름없었다. 그러나 다른 한편으로, 베츠는 어머니와는 활기차게 허심탄회한 대화를 많이 나눴다. 샌디는 섭섭하고 화가 났다. 거기다 베츠의 행동은 자신이 어렸을 때 부모님이 다른 형제들만 편애하던 기억을 상기시켜주었다.

샌디는 잠재적 분노가 터질 위기에 처해 있었다. 결국 샌디는 부인 브리아나와 솔직한 이야기를 나눴다. 브리아나는 샌디에게 베츠의 입장에서 생각해보라고 했다. 거기다 브리아나는 베츠의 친아빠가 샌디를 경멸하고, 베츠에게 상대도 하지 말라고 한 사실을 다시금 상기시켜주었다. 브리아나는 샌디에게 "당신이 베츠 입장이라면 기분이 어떻겠어요?"라고 물었다. 그 순간 샌디는 베츠가 친아버지를 잃을까봐 걱정하고 있다는 사실을 깨달았다.

또한 베츠가 억지로 자신에게 잘해주도록 해봐야 그게 역효과가 날 수 있다는 사실도 깨달았다. 샌디는 베츠에게 시간을 더 주기로 하고, 자신을 무시하고 방에 들어가도 화를 내지 않기로 결심한다. 오히려 베츠가 마음을 열 때까지 인내심을 갖고 기다리기로 한다. 몇 달 후 베츠는 차츰 샌디가 있을 때도 자리를 피하지 않기 시작했다.

억울한 감정이 들 때는 입장을 바꿔 생각해보는 게 큰 도움이 된다. 그렇게 하면 상대방이 자신의 삶을 망치려는 게 아니라는 걸 금방 알 수 있다. 오히려 당신처럼 그 사람도 그 상황에 맞는 행동을 하기 위해 노력하고 있다는 걸 깨닫게 된다. 물론 그 사람이 자신과 다른 결정을 내렸을 수는 있겠지만, 서로 다른 사람이니 당연한 결과이다. 이야기의 핵심은 공감이 잠재적 분노로 자랄 수 있는 분노의 생성을 억제한다는 점이다.

6단계 : 마음속에 남아 있는 분노와 증오를 해결하기 위한 네 가지 방법을 떠올려라.

만일 억울한 심정이 계속 든다면 어떻게 될까? 열대 폭풍우가 따뜻한 바다 위에서 힘을 모아 태풍이 되듯 나쁜 감정도 차츰 힘을 얻어 강해진다. 이러한 감정이 계속 쌓이다 보면 한 사람을 완전히 증오하게 된다. 증오는 나쁜 감정을 계속 담아두려 하거나 놓고 싶어도 놓지 못할 때 발생하는 최종 결과물이라고 할 수 있다.

어떻게 보면 억울한 심정은 화가 딱딱하게 굳거나 얼어붙은 상태이다. 일단 굳으면 돌처럼 꿈쩍도 않고 그 자리를 지킨다. 누군가를 증오하면 상대가 얼마나 나쁜 사람인지에 대해서만 생각하게 되고, 그 사람이 자신의 눈에는 괴물로 비춰진다. 일단 누군가를 증오하게 되면 욱하는 성질이 치솟을 가능성이 한결 높아진다. 예를 들어, 비니가 찰스를 너무나 증오하여 당장이라도 공격할 기세였던 것과 마찬가지다.

증오는 잠재적 분노를 더욱 강하게 만드는 연료이다. 그러므로 잠재적 분노가 있다면 증오심을 버리는 법부터 찾아야 한다.

그렇다면 어떻게 증오를 버릴 수 있을까? 나는 전환, 감정적 무관심, 용서, 화해, 이 네 가지 방법이 가장 효과적이라고 생각한다. 이 가운데 전환은 가장 간단하게 실천할 수 있는 방법이다. 물론 간단하다고 꼭 쉬운 것은 아니다.

어떤 방법으로 증오를 버리든 간에 증오를 버리기란 쉽지 않다. 증오는 저녁식사에 초대했더니 밥을 다 먹고도 집에 가지 않는 손님과 비슷한 존재이다.

전환은 자신의 삶을 계속 살기 위해 하는 모든 행동을 말한다. 맥스에게는 자신이 좋아하는 분야인 유기농 식품업계 내에서 새로운 직장을 구하는 일이었다. 흔히 나쁜 생각을 떠올리지 않으려고 바쁘게 지낸다는 말을 하는데, 그것이 곧 전환이다.

전환의 목표는 문제를 해결하기 위해서도, 증오하는 사람과 다시 관계를 맺기 위해서도 아니다. 오로지 머릿속에 있는 불필요한 집착을 몰아내기 위해서이다. 아니면 알코올의존자 자주치료협회에서 흔히 들을 수 있는 말을 떠올려라.

"머릿속의 아무리 작은 공간이라도 공짜로 전세를 주지는 마라."

중요한 것은 '다시 인생을 즐겁게 살자'이다. 자신이 증오하는 사람을 예전보다 덜 떠올리고 있다면 성공적으로 전환을 하고 있다고 볼 수 있다.

감정적 무관심은 자신을 심각하게 모욕한 사람을 떠올렸을 때도 강력한 분노를 느끼지 않는 경지에 이르는 것을 말한다. 그 사람이나 그 사람이 준 상처는 모두 과거의 일부가 되는 것이다. 물론 그 당시에는 무척 고통스러웠지만 이제 다 지나간 일이다. 이미 지난 일을 두고 계속 불행해할 필요는 없다. 과거를 바꿀 수는 없지만, 그것을 뒤로하고 나아갈 수는 있다. 비니가 아무 감정의 동요 없이 찰스를 떠올릴 수 있을 때 무관심의 경지에 도달한 것이라고 할 수 있다.

자신이 증오하는 사람을 떠올렸을 때 심장이 쿵쾅거리지 않거나 목소리가 높아지지 않거나 속이 뒤틀리지 않는다면, 감정적 무관심을 이룬 것이다. 어차피 원래 그런 사람들이었고 그런 자신을 견디며 살아야 하는 것도 그들이라는 걸 받아들였기 때문에 무관심해질 수 있는 것일지도 모른다.

용서와 화해는 전환이나 감정적 무관심에 비해 이루기 어렵다. 하지만 장기적으로 봤을 때 더 큰 혜택이 있다. 용서와 화해는 깨진 관계 속에서 받은 상처를 치료하도록 도와준다. 또한 인생이 정말 나아질 수 있음을 보여준다는 측면에서 정말 큰 선물을 주는 셈이다.

내가 생각하는 **용서**에 대한 가장 훌륭한 정의는 정신분석학자 로버트 캐런의 '용서는 누군가를 다시 마음속으로 받아들이는 일'이다. 즉, 캐런의 말은 용서란 자신을 해친 사람에게 연민과 관용을 베푸는 행위라는 것이다.

상대방을 용서할 의무는 없다. 상대방을 반드시 용서해야만 한다는 주장은 부담을 줄 뿐이다. 하지만 용서는 치유의 과정인 동시에 변신의 과정이다. 이를 통해 완전히 새사람으로 거듭나기 때문이다.

그러나 용서라는 말에는 함정이 하나 있다. 자신은 늘 착한 사람이고 가해자는 늘 나쁜 사람이라는 생각이다. 그것을 버려야 한다. 글로 쓰면 쉽지만, 실제로 그렇게 하려면 상대방이 한 나쁜 일 말고도 좋은 일까지 의도적으로 기억해야 하기 때문에 무척 어렵다.

예를 들면, 맥스는 가끔 삼형제 음식점을 회상할 때면 찰스가 자신과 비니를 설득해서 사업을 시작했던 것을 떠올린다.

"찰스가 유기농 사업을 시작하자고 안 했으면 제가 얼마나 유기농 식품에 관심이 많은지도 몰랐겠죠. 그 점은 찰스에게 무척 고마워요."

그렇다고 맥스가 찰스의 단점을 모르는 것은 아니지만 맥스는 찰스의 단점과 장점을 균형 있게 고려할 수 있었기 때문에 그를 다시 마음속에 받아들일 수 있었다.

다른 사람이 자신에게 상처를 준 사람에 대한 긍정적인 이야기를 했을 때 격분해서 상대방 말을 끊고 그 사람의 결함에 대해 이야기하지 않는다면 적어도 용서의 첫걸음은 떼었다는 의미이다. 만일 긍정적인 이야기를 할 때도 참여할 수 있다면 훨씬 큰 진척을 보인 것이다.

증오를 버릴 수 있는 마지막 방법은 **화해**이다. 화해라 함은 가해자와 다시 관계를 맺는 일이다. 즉, 실제로 편지를 나누거나 대화를 하거나 얼굴을 마주하는 것이다. 비니는 다시는 찰스를 안 믿겠다고 생각한 반면 맥스는 찰스가 도박중독만 완전히 고쳤다면 다시 함께 사업을 할 수 있다는 가능성도 배제하지 않았다.

화해는 믿음이 전제되어야 한다. 자신에게 그 사람과의 관계가 왜 이번이 지난번과 다를 거라고 생각하는지를 물어야 한다. 가해자가 달라졌다는 증거가 있는가? 상대가 일을 처리하는 방식이 달라졌는가? 만일 그렇다면, 그게 얼마나 오래갈까?

화해를 하려면 긴 시간이 걸린다. 가해자는 말 그대로 자신이 예의 바른 모습을 유지할 수 있다는 걸 증명해야 한다. 용서는 자기 내에서 혼자 하면 되지만, 화해란 두 사람 이상이 관계를 회복하는 것이다.

자신에게 상처를 줬던 사람이 다시 상처를 주거나 배신하지 않을 거라는 확신이 들었다면 당신은 화해할 준비가 되었다고 할 수 있다. 또한, 상대방이 최근에 보여준 나쁜, 유치한, 무책임한 태도보다 장점이 더 많이 눈에 들어와도 화해할 준비가 된 것이다.

다른 사람에 대한 증오심을 버려야 하는가? 그렇게 한다면, 잠재적 분노를 고치는 데 도움이 될까? 그렇다고 대답했으면 아래 질문에 대해 생각해보라.

- 어떤 생각을 해야 나를 해친 사람에 대해 덜 증오하고, 또 그 사람에 대해 덜 분노할 수 있을까?
- 나를 공격한 사람은 그때 어떤 생각이나 느낌이 들었을까? 단순히 나를 해치고 싶다는 생각 말고 또 어떤 동기가 있었을까?
- 전환, 무관심, 용서, 화해 가운데 어떤 방법을 통해 증오를 멈출 수 있을까?

잠재적 분노는 삶을 즐길 수 없게 한다. 그런데 다행히도 상처에 대한 해묵은 감정은 마음만 먹으면 버릴 수 있다. 그래야만 자신은 물론 다른 사람과 세상을 기쁜 마음으로 볼 수 있게 된다.

chapter 5

RAGE

생존성 분노

살기 위해 싸우는 테리

테리는 삼형제 중 가운데로 올해 16세이다. 테리의 아버지는 마음 내킬 때마다 자식을 때리는 나쁜 사람이다. 특히 그는 자신이 나약함으로 치부하는 측면을 갖고 있는 테리를 유독 심하게 대한다. 아버지는 테리를 강하게 키우기 위해서라고 하지만 테리는 한순간도 그 말을 믿어본 적이 없다. 테리는 아버지가 아이들을 때리기 위해서라면 어떤 핑계라도 만들어내는 사람이라는 걸 알고 있다. 테리는 자신을 지켜야 했다.

테리는 아버지가 으레 하는 폭행은 견딜 수 있다. 심지어 아버지가 벨트 버클로 '옛날 식 몽둥이찜질'이라며 때리는 것도 참을 수 있다. 하지만 오늘 밤, 테리의 아버지는 어딘가 이상하다. 하루 종일 맥주를 한 상자 가까이 마시면서 계속 속으로 뭔가를 중얼댔다. 이제는 얼굴에 끔찍한 표정을 짓고 비틀비틀 테리 방으로 가고 있다. 팔이 아파서 더 못 때릴 때까지 테리를 패겠다는 얼굴이었다. 테리는 꼼짝없이 방 안에 갇힌 상황이다.

그 순간, 테리는 이성을 잃고 "안 돼, 안 돼, 안 돼!"라고 소리치며 아버지에게 달려들었다. 그는 아버지의 가슴을 세게 떼밀었다. 벽에 쿵 부딪힌 아버지는 테리를 죽여버리겠다고 소리치며 욕을 퍼부었다. 그때부터 테리는 머릿속이 새하얘졌다. 정신이 들었을 때는 형과 동생, 어머니, 그리고 이웃에 사는 남자 두 명이 자신의 몸을 잡아 누르고 있었다. 옆에는 아버지가 피투성이가 된 채 기절해 바닥에 누워 있었다.

"어떻게 된 거야?"

테리는 형 조지에게 물었다. 조지는 테리가 아버지와 싸우는 내내 "안 돼!"를 외쳤다고 했다. 조지가 도착했을 때는 테리가 아버지를 바닥에 쓰러뜨린 후였지만 아버지는 다시 일어나 테리에게 또 덤벼들었다. 그래서 테리는 아버지의 눈에 주먹을 날렸고, 아버지는 다시 쓰러졌다. 테리는 아버지의 옆구리를 몇 번 발로 찬 후 얼굴에 정통으로 발길질을 했다. 테리의 아버지는 그때 기절했지만 테리는 멈추지 않고 계속 "안 돼"를 외치며 발길질을 했다. 테리의 형과 동생만으로는 테리를 제지할 수가 없어서 어머니가 이웃에게 도움을 청하러 갔다.

"넌 꼭 미친 사람 같았어. 계속 소리를 지르며 발길질을 해댔어. 널 아버지에게서 떼어낼 수 없었어. 우린 네가 진짜 아버지를 죽이는 줄 알았다니까."

테리는 이제 26세가 되었다. 아버지와 싸웠을 때 처음 기억상실 증상을 보인 이후 테리는 또 욱하고 화가 치밀었을 때 머릿속이 하얗게 된 적이 있다. 테리가 걱정스러운 건 자신이 점점 더 자주, 그것도 별 대수롭지 않은 자극에도 그런 반응을 보인다는 것이다. 테리는 가장 최근에 있었던 분노 사건을 이렇게 설명한다.

"몇 주 전이었어요, 친구 두 명이랑 파티에 갔었지요. 맥주도 몇 잔 안 마신 상태라 술이 취하기는커녕 얼딸딸하지도 않았어요. 그런데 조라는 친구가 자꾸 이상한 눈으로 쳐다보더라고요. 저를 만만하게 보는 것 같았어요. 무서웠지만 너무 화가 났어요. 몸이 뜨거워졌다 차가워졌다를 계속 반복했어요. 그놈이 내 뒤통수를 칠 때까지 기다리고만 있을 수는 없잖아요. 그래서 제가 가서 한 판 붙자고 했죠. 그다음으로 생각나는 건 사람들이 저를 뜯어말리는 거였어요. 한 오 분 정도가 전혀 생각이 안 나더라고요. 결국 전 파티에서 쫓겨났죠. 친구들이 그러는데 제가 미친 듯이 욕을 퍼붓고 소리를 지르며 '누구도 날 그딴 식으로 취급 못해'라고 했대요. 그리고 제가 그 사람을 죽여버리겠다고 위협을 했는데, 제 눈빛으로 봐서는 진심인 것 같아 보였대요."

테리는 뭐가 어떻게 된 건지 모르겠다고 한다. 자주 초조한 느낌을 받는데, 좀 이상한 느낌의 초조함이라고 말했다.

"항상 누군가 당장이라도 저를 공격할 것 같아요. 늘 방어태세를 갖추고 있어야 하죠. 제가 꼭 군사한계선을 지키는 경비병이라도 된 기분이라니까요. 누가 언제 나를 쏠지 모르는 상황이지요."

테리는 아무도 믿을 수가 없다고 한다. 그래서 그는 사방에 위험이 도사리고 있는 이 세상에서 외롭고 불안한 상태이다. 테리는 세상이 위험한 곳이라는 생각에서 벗어나지 못하고 있다.

"우스운 건, 제가 아주 안전하다는 점이에요. 아버지는 그날 이후 저에게 손도 댄 적 없으시고, 여자친구는 정말 착하고 따뜻한 사람이에요. 제가 왜 욱해서 날뛰는 건지 이해를 못해요. 그런데 저도 제 자신이 이해가 안 가요. 제가 왜 이러는 거죠?"

테리와 비슷한 경험을 한 적이 있는가?

테리가 겪은 두 상황이 남 이야기 같지 않은가? 그렇다면 아래와 같은 경험을 한 적은 없는가?

- 누군가와 싸웠을 때 평상시보다 힘이 더 세진 듯한 느낌이 든 적이 있는가?
- 욱하고 성질이 치밀었을 때 나중에 기억이 나지 않는 행동이나 말을 한 적이 있는가?
- 분노에 찼을 때 친구 혹은 사랑하는 사람에게도 심하게 해치거나 죽이겠다고 협박한 적이 있는가?
- 말싸움을 했을 뿐인데도 목숨을 걸고 싸우는 것 같았는가?
- 사람들이 자신을 무너뜨리려 한다는 오해나 피해망상에 시달리는가?

- 정말 화가 났거나 무서웠을 때 투쟁 도주 반응이 든 적이 있는가?
- 누가 어깨만 살짝 두드리는 정도에도 심하게 놀라는가?

"네, 그런 행동을 합니다"라고 대답했다면 과거에 생존성 분노를 경험했을 가능성이 높다. 생존성 분노는 자신의 육체적 안위나 생존이 크게 위협받았거나 위협받고 있다는 상상을 했을 때 밀려오는 강력한 분노이다.

생존성 분노는 원시적·근본적이며 인간 생존을 위한 기본적 반응이다. 생존성 분노에서 드러나는 메시지는 분명하다. "넌 날 위협하고 있어. 네가 날 죽일 수도 있으니까 내가 먼저 죽이겠다"이다.

생존성 분노 증상을 보이는 사람들 중 거의 대부분이 살아오는 동안 생명이 심각하게 위험했던 적이 있다. 그게 자신이 작고 약했던 어린 시절이었든, 청소년 때 조직 생활을 하던 시절이었든, 군인으로 전쟁터에 나가서였든, 심한 교통사고나 산업재해를 입어서였든, 아니면 성폭행을 당했거나 현재 폭력적인 만남이 진행되는 상황이든, 생명이 위험하거나 했다면 모두 포함된다. 그러나 안타깝게도 이 방법은 원래 목적과 어긋날 수 있다. 바로 위협이 없는 상황에서도 욱하고 성질을 내는 것이다. 아무도 자신을 죽이려 하지 않는데 혼자 자신의 목숨을 구하기 위해 싸우는 상황이 오는 것이다.

이번 장에서는 생존성 분노가 어떻게 자라는지 살펴보겠다. 우선 이야기를 더 하기 전에, 생존성 분노 증상이 있는 사람이라면 반드시 생각해볼 것이 있다.

폭행을 당한 적이 있다면 자신이 희생자라는 생각을 갖기 쉽다. 그래서 '내가 가끔 미친 사람처럼 구는 게 내 탓인가, 뭐. 아버지가 (혹은 엄마가 아니면 누구든지 간에) 나한테 어떤 짓을 했는데! 내 인생을 망쳤어! 어쩔 수 없어, 난 원래 이래'의 태도를 취하게 된다. 그래서 자신의 욱하는 성질을 조절하려고 진지하게 노력하기보다는 이런저런 핑계를 만든다.

이들이 만드는 핑계는 으레 '난 못 멈춰. 난 조절 못해. 난 변할 수 없어. 내 탓이 아니야'를 전제로 한다. 물론, 자기 탓은 아니다. 자신이 원해서 생명이 위험에 빠졌던 것도 아니고, 생존성 분노를 달라고 나선 것도 아니다. 하지만 자신만이 이것을 막을 수 있다. 당신은 분노를 통제할 수 있다. 변화할 수 있다. 욱하는 성질을 고칠 수 있다. 만일 고칠 수 없다면 이 책을 볼 필요가 없지 않은가!

그렇다고 욱하는 성질이 고치기 쉽다는 건 아니다. 특히 생존성 분노는 더욱 어렵다. 하지만 분명 고칠 수는 있다. 욱하는 성질을 멈추려면 제3장에서 돌발성 분노를 조절하기 위해 소개했던 방법을 모두 사용해야 하며, 이번 장 끝부분에 적어둔 생존성 분노를 없애기 위한 지침을 자세히 읽어야 한다.

주어진 선택은 단순하다. 자기 손으로 다시 삶을 되찾거나 삶이 생존성 분노에 의해 통째로 지배당하거나이다. 둘 중에 어느 쪽을 택하겠는가?

그런데 어떻게 다시 통제권을 되찾을 수 있을까? 먼저 그 첫걸음으로 왜 그리고 어떻게 특정 행동을 하게 되는지를 파악해야 한다. 그러기 위해 생존성 분노가 어떻게 형성되는지를 알아보겠다.

생존성 분노의 근원, 공포와 트라우마

테리는 "제가 왜 이러는 거죠?"라고 물었다. 사실, 그 질문에 대한 적절한 답이 있다.

"테리, 네가 어렸을 때 폭행을 당한 것 때문에 뇌에 손상이 간 듯하구나."

과학자들은 1990년대 후반부터 공포와 트라우마가 인간의 뇌에 어떤 영향을 미치는지에 대해 활발히 연구하기 시작했다. 특히 조셉 르두는 이 분야에서 가장 왕성한 연구를 펼친 학자이다. 그의 연구 결과를 간단히 살펴보겠다.

- 감정은 인간이 존재하는 데 더할 나위 없이 중요한 부분이다. 인간이 생존하기 위해 꼭 필요한 정보를 주기 때문이다. 감정은 '집중해, 이건 아주 중요한 거라고', '저기는 위험하니까 조심해', '이건 까먹지 마, 자칫 잘못하면 목숨이 위험하다고', '그거 기분 되게 좋다. 또 하자'와 같은 고마운 정보를 전해준다.
- 뇌에는 감정만 따로 다루는 특정한 통로가 있다. 이 통로는 뇌의 이곳저곳을 빠르게 지나는 간선도로 역할을 한다. 거의 모든 통로는

도심에 있는 보통 길처럼 교통 흐름이 느린 편이지만, 우리가 자주 사용하는 일부 통로는 고속도로처럼 엄청난 속도로 이동이 이루어진다.

• 얼핏 그림자나 사람이 자신 쪽으로 오는 걸 보고 위험을 감지했다고 하자. 뇌는 싸우거나 도망쳐야 할 상황이 왔을 때 몸이 바로 반응할 수 있도록 준비태세를 갖추고 있을 것이다. 하지만 상황이 상황이니만큼 여유롭게 생각할 시간이 없다. 정말 위험한 상황이라면 즉시 반응해야 하기 때문이다. 그래서 뇌는 몸을 거의 즉시 경계 상태로 만들 수 있는 경고 체계를 마련했다. 눈 깜짝할 사이에 전령이 메시지를 들고 뇌 속을 가로질러 자그마한 아몬드 모양의 편도에 도착한다. 편도는 감정적 경보 센터로, 몸과 뇌에 "비상, 비상, 비상!"이라고 큰 소리로 알려주는 역할을 한다.

편도가 자기 역할을 제대로 했다면, 우리는 메시지를 받은 즉시 자리에 우뚝 멈추고는 어디에서 위험이 오는가를 찾기 시작할 것이다. 그와 동시에 편도는 부신에 신호를 보내 스트레스 호르몬인 코르티솔을 분비하도록 한다. 코르티솔은 혹시라도 자신을 향해 다가오던 그 음침한 형상이 적으로 판명되었을 때 목숨을 지키기 위해 몸이 싸울 수 있도록 준비시킨다.

• 그렇지만 잠깐! 그 사람이 적이 아니라면? 그냥 친절한 조 아저씨가 인사를 하러 오던 거였다면 어떻게 하나? 주먹부터 나간 다음에 안부를 물을 순 없지 않나?

그래서 우리 뇌는 또 다른 통로를 갖고 있다. 이 통로는 뇌의 보다 정교한 부위를 지나가며 상황을 폭넓은 눈으로 볼 수 있게 한다. 그래서 우리는 '잠깐, 저건 조 아저씨잖아. 무서워할 필요가 없구'니' 라고 생각할 수 있는 것이다. 그러나 편도가 메시지를 받으려면 적어도 몇 초는 걸리기 때문에 이 반응은 시간이 더 오래 걸린다.

• 우리 뇌에서 아주 중요한 역할을 하는 부분이 또 있다. 바로 부신 옆에 있는 해마이다. 해마는 과거에 있었던 감정적 경험을 기억하며 상황을 더욱 객관적으로 볼 수 있게 해준다. 무엇보다 해마는 실제 위험이 없을 경우 부신에게 코르티솔을 그만 분비하라는 신호를 보낸다.

• 보통은 부신에게 코르티솔을 분비하라는 편도의 명령과 그것을 그만 분비하라는 해마의 명령은 섬세한 균형을 이루고 있다. 머릿속 한쪽에는 무척 소심한 사람이, 다른 한쪽에는 안정적이지만 뭐든지 너무 쉽게 믿는 경향이 있는 사람이 있는 셈이다. 소심한 편도는 항상 "조심해! 위험해! 도망가! 덤벼! 어떻게 좀 해봐!"라고 말하는 한편 해마는 "아니야, 걱정할 것 없어. 다 괜찮아. 안전해"라고 한다. 보통은 위험이 현실로 밝혀지면 편도가 주도권을 갖고, 위험이 잘못된 경보(대부분이 허위 경보일 때가 많다)였으면 해마가 주도권을 잡아 긴급 상황을 종료한다.

• 나쁜 소식은, 목숨이 심각하게 위험했던 적이 있어서 트라우마가 생겼다면 흥분과 안정 사이에 있는 섬세한 균형이 깨질 수 있다는 것이다. 이것은 목숨이 극도로 위험한 상황에 노출되었을 때 부신이 코르티솔을 과다 분비하여 해마에 큰 손상을 입히기 때문이다. 그 결

과, 편도가 부신에게 "코르티솔 더 분비해!"라고 꽥 소리를 지를 때 해마는 "제발 덜 내보내요"라고 간신히 속삭이는 정도밖에 못하게 된다. 해마는 점차 약해지고 작아져, 심지어는 정상의 1/6 크기로 줄 어들 때도 있다.

- 이 말은 곧 테리 같은 사람들은 영원히 불안정한 상태로 살게 된다는 의미이다. 뇌가 주기적으로 상황을 잘못 이해하여 위험으로 받아들 일 수 있는 꼬투리를 어떻게 해서든 잡아낸다. '그 희미한 형상은 내 적일 거야', '그 저녁식사 초대는 함정이야', '저 나무막대는 뱀이 위장한 걸 거야'라는 식으로 트라우마와 충격으로 손상된 테리의 뇌 는 계속해서 세상에 대한 왜곡된 정보를 준다. 결국 테리는 겁에 질 려 방어적인 태도를 갖게 되며, 언제나 긴장과 걱정 속에서 산다. 테 리의 뇌는 트라우마를 경험한 다른 사람들의 뇌처럼 계속되는 세상 의 위협 속에서 살아남기 위해 재설계된 것이다.

도주에서 투쟁까지

테리는 계속되는 걱정 때문에 과학자들이 '방어적 공격(Defensive Aggression)'이라고 부르는 상태로 갈 소지가 높아진다. 테리가 뇌에 서 받는 메시지는 '나는 위험해, 그러니까 싸워야 돼'이다. 앞서 테리 가 한 말을 떠올려보자.

그는 파티에 있던 남자가 자신을 '만만하게' 본다고 생각했기 때문에 싸움을 건 것이다. 이런 말은 트라우마 때문에 위험에 지나치게 민감한 반응을 보이는 뇌를 가진 사람들 사이에서 흔히 들을 수 있는 말이다. 물론, 파티에 있던 그 남자가 진짜 싸우려 했다는 증거는 없다. 하지만 그 사실은 전혀 문제되지 않는다. 테리는 이 새로 만난 적을 즉각 공격할 정도로 확신이 있었으니까.

방어적 공격은 위협에 대한 반응으로 두려움과 비슷한 감정이다. 도망치는 대신 오히려 공격자에게 대항함으로써 공격자를 쫓아버리거나, 최소한 선제공격이라도 하려는 것이다. 테리의 도망치고 싶은 마음은 두려움이 분노로 바뀌며 투쟁심으로 변한다. 그렇게 하면 두려워했을 때보다 괜히 힘도 세지고 안전해진 것 같은 기분이 들어서이다.

게다가 테리도 대부분의 남자들처럼 남자는 두려움을 드러내서는 안 된다고 배웠을 것이다. 그래서 테리는 그 남자를 노려보거나, 언성을 높이거나, 위협적인 말을 하거나, 위협적인 태도로 접근하는 방식 등으로 두려움 대신 화를 드러내려 한 것이다. 이 방법은 통할 때도 있고 안 통할 때도 있다. 잘 되면 상대방이 뒤로 물러나지만, 잘못되었을 경우 이러한 행동이 상대방의 화와 방어적 공격성을 자극하여 욕설이 난무한다거나, 실랑이가 벌어지거나, 혹은 훨씬 나쁜 상황이 펼쳐질 수도 있다.

뇌의 허위 경보,
비현실 속으로의 활주, 생존성 분노

테리는 과대망상 증세를 보이고 있다. 물론 정신과 의사가 처방을 내려줄 만큼 심하지는 않지만 스스로를 곤란한 처지에 빠뜨리고도 남을 정도는 된다.

테리는 현실을 계속 왜곡하여 받아들인다. 정확히 말해 위협이 없는데도 있다고 착각하고 있으며, 아무 위협이 없을 때도 자신의 존재가 위험하다고 생각한다.

문제는 테리가 생존지향적 위협은 물론 위협이 될 기미만 보여도 다 찾으라는 명령을 받았다는 데 있다. 모든 행동을(예를 들어 누가 자신을 쳐다만 봐도) 과장하고 왜곡하여 현실보다 훨씬 심각하게 받아들인다. 위험한 기미가 전혀 안 보이면 테리의 뇌가 상황을 만들어내기도 한다. 즉, 테리의 뇌가 계속해서 허위 경보를 보내는 것이다.

안타깝게도 테리의 상태는 점점 심해질 것이다. 그것은 허위 경보가 코르티솔의 분비를, 아드레날린의 분비를, 그리고 몸이 싸울 때 필요로 하는 모든 물질의 분비를 촉진시키기 때문이다. 이것들은 테리의 편도와 해마를 계속해서 갉아먹다 결국 위험 반응 체제 전체를 망가뜨린다. 테리는 현명한 판단과 점점 멀어지는 미끄럼틀을 타고 활주하는 상황이 되는 것이다.

어떤 결말을 맞이하게 될지 보이는가? 테리는 더욱 더 현실과 상상을, 무엇이 진짜 위험이고 무엇이 상상에서 나온 위험인지를 구별하지 못하게 된다. 자신이 위험으로 인지한 것에 대해 과도한 반응을 보인다. 그런 행동을 할수록 테리는 점점 더 자신의 감정과 행동을 통제할 수 없게 된다. 테리는 욱하는 성질이 언제 폭발할지 모르는 상황을 향해 치닫고 있다. 특히, 테리는 거짓 생존성 분노(False Survival Rages)를 갖게 될 가능성이 높다.

욱하는 성질을 가진 사람에게는 거짓 생존성 분노가 진짜 생존성 분노와 똑같아 보이고, 똑같은 느낌으로 다가온다. 유일한 차이라면 진짜 생존성 분노 상황에서는 실제로 목숨이 위험하다는 정당한 사유가 있지만 거짓 생존성 분노 중에는 없다는 것이다.

생존성 분노의 투쟁 도주 반응

분노와 두려움은 서로 밀접한 관계를 가진 감정이다. 예를 들어, 두 감정 모두 뇌에서 편도를 통해 이동한다. 또한 사람들은 즉각적인 위험 앞에서 도망을 갈지 혹은 정면으로 대응할지를 놓고 급하게 선택해야 하는 경우가 많기 때문에 그 둘은 긴밀하게 연결되어 있어야 한다. 그것이 일반적인 투쟁 도주 반응에서 가능한 선택들이다. 하지만 테리 같은 사람들은 욱하고 성질이 폭발하면 강한 '투쟁 그리고 도주' 반응이 나타나는 모양이다.

자신이 적을 색출하기 위해 다른 군인 몇 명과 함께 순찰을 돌고 있

다고 상상해보라. 순찰을 도는 동안 적군과 맞닥뜨렸는데 적은 인원일 것으로 예상했는데 갑자기 한 부대를 통째로 만나면 어떨까? 적군이 아군보다 훨씬 많다. 이 상황에서 당신은 어떤 행동을 하겠는가? 총을 쏘면서 도망가야 할 것이다. 오로지 그 길만이 살 길이다. 어떤 느낌이 드는가? 분노와 두려움일 것이다. 분노는 적에게 총을 쏘는 데 도움을 줄 것이고, 두려움은 도망치는 데 도움을 줄 것이다.

나는 강력한 두려움과 분노가 뒤섞였을 때 생존성 분노가 발생한다고 생각한다. 사고력을 마비시킬 정도로 강력한 두 감정이 조합되어 생기는 것이다. 물론 욱하는 성질을 내는 사람을 보면 화만 내는 것 같아 보인다. 하지만 핵심 메시지가 '네가 날 죽이기 전에 내가 널 먼저 죽여야 해'라는 걸 기억하라. 이것은 '내 목적을 달성하기 위해 널 죽이겠다' 혹은 '나를 방해하지 못하게 너를 죽이겠다'와는 무척 다른 생각이다. 죽음에 대한 두려움 때문에 공격적으로 변한 것이다.

이 사실이 뭐가 그렇게 중요하냐고? 이 말은 곧 테리 혹은 생존성 분노를 조절하려는 사람이라면 누구나 자신의 분노를 다루는 동시에 자신의 두려움도 다뤄야 한다는 의미이기 때문이다. 즉, 안정감을 찾는 게 욱하는 성질의 조절 열쇠라는 것이다.

여기서 다룰 이야기는 분노 관리에 대해서가 아니라, 사람들이 어떻게 세상과 관계맺음을 하는 방식을 바꿀지에 대한 것이다.

하지만 여기에는 딜레마가 있다. 트라우마가 있는 사람들은 언제, 어디서, 그리고 누구에게서나 위협을 느낀다. 그들에게는 세상 어디도, 이 세상 누구도 안전하지 않다. 게다가 위험이 없을 때도 위험이 있다고 오해를 한다. 그렇다면 어떻게 해야 테리는(혹은 이 책을 읽고 있는 독자 여러분은) 생존성 분노를 버릴 수 있을까? 답은 분명하다.

테리는 뇌를 다시 훈련시켜야 한다. 자신이 살고 있는 세상은 충분히 안전하기 때문에 더 이상 총을 쏘며 도망칠 필요가 없다는 걸 자기 자신에게 납득시켜야 한다.

여기서 '세상은 충분히 안전하다'는 말에 주목하라. 세상은 '완벽하게' 안전하지는 않다. 어느 누구도 완벽하게 안전한 세상에 살고 있지 않다. 충분히 안전한 세상은 자신의 목숨과 안녕에 즉각적인 위험이 없다고 느끼는 것이다. 또한 대부분의 사람들, 특히 자신과 가까운 사람들이 자신의 편에서 자신을 해치기보다는 보호하고 싶어 한다는 사실을 믿는 것이다.

생존성 분노 멈추기

다음은 생존성 분노를 멈추기 위해 밟아야 할 네 단계이다.

1단계 : 어느 상황에서든 위험을 인지하는 자신의 능력에 대해 의문을 가져라.

사람들은 자신의 뇌가 항상 세상에 대해 정확한 정보만 전달해준다고 믿는다. 하지만 만일 그렇지 않다면? 만일 뇌가 거짓된, 과장된, 혹은 왜곡된 정보를 준다면 어떻게 하겠는가? 일단 잘못됐다는 걸 알고 나면 무언가를 새로운 방식으로 해보고 싶지 않을까? 그것이 바로 테리처럼 생존성 분노가 자주 터지는 사람들이 처한 상황이다. 뇌에서 끊임없이 실제 상황보다 훨씬 더 위험에 처했다고 말을 하는 것이다.

분노와 폭력에 대해 연구하는 과학자 데브라 니호프는 "폭력적인 행동을 완화시키기 위해서는 위험에 대한 인식을 교정하여 그 반응이 실제 상황에 상응하는 정도로 나타나게 해야 한다"고 말했다.

그녀의 말은 우리의 뇌가 전혀 위험하지 않은 상황, 조금 위험한 상황, 무척 위험한 상황, 그리고 생명이 위험한 상황이 가지는 차이를 정확하게 구분할 수 있어야 한다는 의미이다. 그러나 트라우마 생존자들은 이를 구별하는 데 어려움을 겪는다. 그들은 같은 실수를 반복하며 자신이 위험에 처했다고 믿는다. 이들의 현실에 대한 오해는 거짓(불필요한) 생존성 분노를 촉발한다.

자신에게 쓸모없고 위험한 생존성 분노가 있다면, 자신이 현실을 제대로 이해하고 바라보고 있는지 그 정확성에 의문을 제기하는 법을 배워야 한다. 노련한 형사가 어딘가 미심쩍은 이야기를 듣는 것처럼 자신의 뇌를 대해야 한다. 그 예를 들어보겠다.

나의 뇌 : 형사님, 정말이에요. 파티장에서 그 남자가 저를 위협했어요.
형   사 : 그래, 물론 그랬겠지. 넌 항상 그렇게 말하지. 증거를 댈 수 있나?
나의 뇌 : 저를 만만하게 보는 것 같더라고요.

152

형　사 : 말도 안 돼. 사람들이 파티에서 쓱 주위를 둘러보는 것처럼 그랬겠지.

나의 뇌 : 하지만 저희 아버지처럼 무서운 얼굴을 하고 있었다니까요.

형　사 : 너희 아버지처럼 콧수염이 있어서 그랬겠지. 콧수염이 났다고 사람을 때리면 안 되지.

나의 뇌 : 정말 안 위험할까요?

형　사 : 이봐, 그 남자는 네가 누군지도 몰라. 그냥 파티에 있던 한 남자일 뿐이라고. 널 공격하려던 거 아니니까 긴장 풀어.

나의 뇌 : 알았어요. 노력해볼게요.

내가 하고 싶은 말은 '생존성 분노가 터진 적이 있다면 뇌가 위험에 대한 올바른 판단을 내릴 것이라고 믿지 마라'는 것이다. 뇌가 아무리 다른 일을 잘 처리한다고 해도 위험 신호를 읽는 것만큼은 실수를 할지 모른다.

위협을 느꼈다면 일단 상황을 자세히 살펴보라. 하지만 이때도 주의해야 한다. 자신이 느낀 위협을 확인하기 위한 흔적이나 기미를 찾는 게 아니라는 것을 명심하라. 다른 사람들 곁에서도 안전하다는 느낌을 가질 수 있도록 도움 될 만한 것을 적극적으로 찾아야 한다.

자신이 현실을 바로 볼 수 있도록 도와줄 수 있는 친구를 몇 명 곁에 두는 것도 도움이 된다. 당신 안의 형사는 지원군이 필요하다. 다음 예를 보자.

나 : 앨, 잠깐 물어볼 게 있는데 혹시 저 남자 알아? 자꾸 나를 만만하다
　는 듯이 쳐다보잖아.

앨 : 에이, 무슨 소리야. 나 저 사람 알아. 괜찮은 녀석이라고.

2단계 : 자신이 위협을 처음 감지했을 때 스스로에게 즉시 되뇔
　　　수 있는 간단한 말을 외운 다음 그것을 끊임없이 연습하
　　　라.

헬렌은 이제 50세이다. 가난한 어린 시절을 보냈고, 평생 돈 걱정을
하며 살았다. 그러던 어느 날, 헬렌은 자신에게 큰 도움이 되는 단어를
하나 발견한다. 이제 헬렌은 자신이 지금 갖고 있는 돈 때문에 혹은 필
요하게 될 돈 때문에 걱정이 들기 시작하면 그 단어를 되뇐다. 그렇게
하면 즉시 마음이 놓인다고 한다. 그것은 바로 '충분해'라는 단어인
데, 헬렌은 "이 정도 돈이면 충분해" 하면서 돈 걱정에 대한 불행한 마
음을 달랜 것이다.

테리도 욱하는 성질을 멈추려면 그런 생각이 필요하다. 물론 구체
적으로 한 단어일 필요는 없지만 자신이 위협을 느꼈을 때 재빨리 자
신에게 되뇔 수 있는 단어나 말이어야 한다. 테리는 다음 조건에 맞는
단어나 구를 마련해야 한다.

• 간단해야 한다.
• 적합하다는 느낌이 들어야 한다.
• 마음을 안정시키는 데 도움이 되어야 한다.

• 욱하는 성질이 치솟지 않도록 막을 수 있어야 한다.

뇌는 위험에 거의 즉각적으로, 1초도 안 되서 반응한다는 걸 명심하라. 위험을 처음 감지했을 때 나타나는 깜짝 놀라는 반응은 아마 누구도 막지 못할 것이다. 하지만 우리는 몇 초 후면 마음을 안정시키는 데 도움이 되는 훨씬 정확하고 질 좋은 정보를 전달받게 된다. 전두엽 그리고 해마까지 가세하여 우리가 상황을 제대로 바라볼 수 있게 해준다. 그러나 그 몇 초라는 시간이 일부 사람들, 특히 트라우마로 뇌에 손상을 입은 사람들을 생존성 분노의 위험에 노출시킨다. 중요한 것은 정신과 감정 사이에 다리를 놓자는 것이다. 자신이 위험을 처음 감지했을 때 그 감정에 대해 즉시 의구심을 던져라.

나는 생존성 분노가 있는 사람이라면 거의 누구나 안정을 되찾는 데 도움이 되는 말이나 생각을 찾을 수 있다고 믿는다. 그러나 똑같은 사람은 없다. 그러므로 테리 혹은 다른 사람이 하는 말이 자신에게는 도움이 되지 않을 수 있다. 자신에게 생존성 분노가 있다면 실질적인 도움이 될 만한 마법의 말 한두 가지를 찾는 건 자신이 풀어야 할 과제이다.

몇 가지 가능한 예를 들겠다.

• 천천히.
• 나는 안전해.
• 위험하지 않아.
• 진정해.

- 하느님을 믿자.

- 생각해.

- 숨을 크게 쉬자.

- 오늘은 적 없는 날.

- 긴장 풀어.

- 허위 경보는 그만.

- 너무 예민해지지 말자.

- 쉽게 가자.

화려하거나 복잡한 말은 필요 없다. 이러한 말은 즉시 뇌의 감정 센터로 전달된다. 당신은 욱하는 성질을 막기 위해 어떤 말을 이용하겠는가?

한 가지 덧붙일 말이 있다. 자신이 고른 말을 주기적으로 사용하지 않는다면 아무 의미가 없다. 누가 파티장에서 당신을 만만하게 쳐다볼 때까지 기다리지 말고, 날마다 하루를 시작할 때 그 말을 떠올려라. 예를 들어, 매일 아침 샤워를 할 때마다 혹은 거울을 들여다볼 때마다 '오늘은 적 없는 날'이라는 말을 생각하라. 그리고 그 말을 자신의 뇌, 가슴, 그리고 영혼에 새겨 삶의 일부가 되게 하라.

3단계 : 안전한 사람들로 가득한 환경을 만들어라.

이번 장은 지금까지 당신이 비교적 안전한 환경에서 살고 있다는 가정하에 쓰인 것이다. 하지만 만일 그렇지 못한 경우에는 어떻게 할

까? 만일 배우자가 폭력적인 사람이라 언제든지 폭력을 가할 수 있다면? 코카인과 필로폰이 난무하는 무척 위험한 지역에 산다면? 조직 폭력단에 몸담고 있어 폭력이 당연시되며 일상이라면? 천성이 거칠고 싸우기 좋아하는 사람 몇몇이 늘 싸움을 일으키는 선술집에 종종 간다면? 적이 들끓는 나라에서 전시 근무 중인 군인이라면? 성적 혹은 육체적 학대를 하는 부모나 형제와 한집에 살고 있는 청소년이라면? 삽시간에 자신을 죽일 수 있는 강력범들이 가득한 교도 시설에 복역 중이라면?

그런 상황에서 누가 생존성 분노를 조절할 수 있겠는가? 살아남기 위해 실제로 필요할 수도 있는데 말이다. 하지만 반면에, 생존성 분노를 터뜨리는 게 가장 하지 말아야 할 행동일 수도 있다. 어쩌면 위험 자체에 대해 생각해보고, 계획을 세워서 그 상황에서 탈출하는 게 공격을 하는 것보다 나을 수 있다.

가장 최선의 방법은 당연히 그 나쁜 상황에서 벗어나는 것이다. 폭력적인 배우자와 헤어져라. 폭력은 결코 정당화될 수 없다. 조직 폭력 단을 떠나라. 아버지가 학대를 한다면 어머니와 함께 살면 된다. 만일 부모 양쪽 모두에게 문제가 있다면 함께 살 수 있는 다른 가정을 찾아라. 감형을 받을 수 있게 모범적인 감옥 생활을 하라. 일을 두 개 가지는 한이 있어도 좋은 지역으로 이사를 하라. 다른 술집에 가거나 술을 끊어라. 안전이 제일이다. 안전보다 중요한 건 없다. 안전하다는 느낌을 받으면 욱하는 성질을 멈추기가 한결 쉬울 것이다.

하지만 그렇게 환경을 바꾸기가 어려울 수도 있다. 전시 근무를 1년 간 해야 한다거나, 이사할 돈이 전혀 없다거나, 아버지와 살아야 한다는 법원의 판결이 있었거나, 배우자와 헤어지기에는 그 사람을 아직도 많이 사랑한다거나, 최소한 5년은 더 감옥에 있어야 한다면……

당신은 날마다 위험과 마주하며 살고 있다. 하지만 그 속에서도 할 수 있는 게 있다. 이것은 오히려 살아남기 위해 꼭 필요한 것일 수도 있다. 안전한 사람들을 찾아라. 그래서 그들로 자신을 에워싸 어려운 환경이라 해도 최대한 안전하다는 느낌을 가질 수 있게 하라.

그렇다면 어떤 사람들이 안전할까?

첫째, 미래의 행동을 알려주는 가장 좋은 지표는 과거의 행동이다. 그렇기 때문에 가장 안전한 사람들은 당신은 물론 다른 사람을 때린 적도, 상처 준 적도 없는 훌륭한 기록을 갖고 있을 것이다.

둘째, 안전한 사람들은 힘닿는 데까지 당신을 위험에서 지켜준다. 곤경에 빠지지 않게 경고를 해주며, 안전할 수 있도록 도와주며, 당신의 뒤를 최대한 지켜주려 한다.

셋째, 이들은 꾸준히 말과 행동이 일치하는 모습을 보여준다. 즉, 믿을 수 있다는 것이다. 말로는 같은 편인 것처럼 굴다 행동은 딴판으로 하는 모습을 보이지 않는다.

넷째, 안전한 사람들은 당신을 염려하고, 생각하고, 당신의 안부를 물으며, 도울 수 있으면 돕고 싶어 한다. 이들은 당신이 진정 행복한 인생을 살기를 바란다.

다섯째, 안전한 사람과 함께 있으면 보통 안전한 느낌을 받는다. 처음부터는 아닐지 몰라도 시간이 흐를수록 차츰 당신의 믿음을 얻게 될 것이다.

이러한 안전한 사람들을 찾아, 최대한 자주 어울려라. 이들에게 내면이 안전하다는 느낌이 어떤 것인지를 배워라. 어쩌면 당신도 차츰 이들에게 더 큰 안정감을 줄 수 있는 사람이 될지도 모른다.

4단계 : 현재를 과거와 분리하여 인식하고, 과거에 받았던 트라우마에서 벗어날 수 있도록 도움을 구하라.

테리는 마시라는 훌륭한 여성을 만나고 있다. 그녀는 사려 깊고, 따뜻하며, 다른 사람의 말을 귀 기울여 듣는다. 어느 날 마시는 테리에게 "테리, 너에 대한 이야기가 듣고 싶어"라고 말을 한다. 테리는 자신이 어린 시절에 얼마나 큰 상처를 받았는지 마시가 이해해주길 바라기 때문에 진심으로 자신의 이야기를 해주고 싶다. 처음에 테리는 자신의 어두운 과거에 대해 말을 하면 그 기억이 더 심해질까 봐 이야기하기를 꺼렸다. 하지만 마시는 진심으로 테리에 대해 이해하고 싶었기 때문에 이야기를 계속하라고 용기를 북돋웠다.

시작은 좋았다. 테리는 자신의 가족이 얼마나 가난했는지 간신히 먹고살았다는 이야기를 했다. 그러다 위험을 감수하고 자신을 학대하던 아버지에 대한 이야기도 하기로 결심했다. 그때부터 상황이 나빠졌다. 그는 자신이 과거로 빨려들어가는 것을 느꼈다. 그는 자신을 때리러 오던 아버지에 대한 기억을 떠올리던 순간에서, 공포와 분노로 범벅이 되어 침실에 있던 그날로 돌아간다.

테리는 눈을 가늘게 뜨고 노려보고 있지만 사실 그의 눈에는 아무것도 보이지 않는다. 그는 온몸이 떨리기 시작하고 그날 처음으로 생존성 분노를 터뜨렸을 때처럼 "안 돼, 안 돼"라고 말하기 시작한다.

마시는 곧 테리가 위험한 상황이라는 걸 깨닫는다. 그녀는 그의 어깨를 잡고 흔들어 과거에서 깨어날 수 있게 도와주려 한다. 그 순간 테리는 팔을 휘둘러 마시를 바닥에 쓰러뜨린다. 테리는 나중에 마시인 줄 몰랐다고 할 것이다. 테리는 마시가 아니라 아버지를 때리고 있다고 생각했을 것이다. 그는 그날처럼 다시 자신의 목숨을 지키려고 사력을 다해 싸우는 것 같았다. 테리는 과거에서 헤어나오는 데 15분, 다시 마음을 진정시키기까지 수시간이 걸렸다.

트라우마가 있는 사람들은 가끔 과거에 갇히곤 한다. 마치 영원히 벗어날 수 없는 과거 기억의 블랙홀로 빨려들어가는 것과 비슷하다. 그들의 과거가 현재가 되고, 성인이 된 남성과 여성은 다시 공포에 질린 절박한 심정의 아이가 된다. 그 당시에 느꼈던 감정을 지금 또다시 느끼고, 그 당시에 했던 생각을 지금 또다시 한다.

과거에 갇힌 상태에서 이성적으로 행동하기란 무척 어렵다. 극심한 위협을 느끼는 상황에서 욱하는 성질을 억누르기는 매우 힘든 일이다. 그래서 자신의 트라우마를 극복할 수 있도록 도움을 구할 것을 적극 권하는 바이다. 특히 방금 든 예처럼 해리성 정체감 장애(DID)가 있는 사람이라면 꼭 도움을 받아라.

다행히도 도움을 줄 수 있는 사람들이 있다. 우선 절친한 친구나, 선생님, 목사, 혹은 가족 구성원이 그런 사람이 될 수 있다. 넓은 가슴과 경청하는 귀, 적당한 상식과 무한한 인내심을 가진 사람들 말이다. 또한 전문적인 치료를 받는 것도 고려해보라. 요즘에는 트라우마 치료만을 전문으로 하는 치료사들이 많다. 그들은 환자가 치료 과정에서 트라우마를 또다시 경험하지 않으면서 과거 상처를 치유할 수 있게끔 전문적인 훈련을 받았다.

전문가의 도움을 받을 경우 좋은 점은, 사랑하는 사람들에게 상처가 될 만한 말이나 행동을 하게 될까 봐 걱정하지 않아도 된다는 것이다. 자신으로부터 치료사를 보호할 필요는 없을 테니까.

친구와 이야기를 나누든 치료사와 이야기를 나누든 목표는 불필요한 생존성 분노를 멈출 수 있게 과거를 현재에서 분리시키는 것이다.

생존성 분노는 강력하며 원시적이고 위험하며, 무섭고 빠르게 밀려온다. 하지만 그렇다 해도 조절은 가능하다. 생존성 분노가 인생을 망치는 걸 보고만 있을 필요는 없다.

chapter 6

RAGE

체념성 분노

카렌의 분노

올해 40세인 카렌은 15년 동안 같이 살던 남편과 이혼했다. 이유는 딱 하나이다.

"클락은 너무 지배적이었죠. 제 삶의 모든 부분을 조종하려고 들었어요. 숨도 쉴 수가 없었죠."

하지만 안타깝게도 두 자녀 때문에 클락은 아직도 카렌 인생의 일부를 차지한다. 아이들에 대한 공동 양육권과 거주문제 때문이다. 그리고 클락은 여전히 카렌을 지배하려 든다. 클락은 카렌이 아이들과 함께 있을 때면 어떤 식으로 아이들을 다룰지에 대해 끊임없이 전화로 명령하고 자기 방식을 따르지 않으면 비열해지기까지 한다. 그는 카렌에게 욕을 퍼부으며 '형편없는' 엄마라고 비난한다.

클락은 카렌의 성미를 건드리기 위해 심리전도 편다. 며칠 전만 해도, 아이들 축구 연습이 끝나면 자신이 데리러 가겠다고 해놓고는 나타나지 않았다. 때문에 카렌은 아이들을 데리러 가기 위해 직장에서 조퇴해야 했다. 그녀가 나중에 클락에게 불만을 토로했지만 그는 비웃기만 할 뿐이었다.

그는 아이들이 카렌을 미워하게 만들기 위해서 카렌은 사줄 능력이 안 되는 물건들을 아이들에게 사주고, 그녀 때문에 이혼을 한 거라고 주입시킨다. 또 그는 카렌의 죄의식을 이용해서 그녀가 가정을 파괴했기 때문에 아이들의 인생이 망가졌다고 말한다.

카렌은 클락의 유치한 장난과 험악한 욕설, 뻔히 보이는 심리전, 그리고 자신의 죄책감을 자극하는 말 따위를 흘려버려야 한다는 걸 알고 있다. 하지만 그러기는커녕 오히려 클락에게 집착하는 자신을 발견한다.

'다음에는 어떤 짓을 저지를까? 나한테 왜 이러는 걸까? 왜 그만두지 않는 거야?'

그녀는 이혼하기 전보다 그에 대해 더 많이 생각하게 됐다. 하지만 무엇보다 심각한 건, 카렌이 아직도 클락의 통제를 받고 있다고 느낀다는 것이다. 그녀는 자신이 전남편과 뚜렷한 경계를 유지하지 못하고 있어 무력감을 느낀다. 하지만 조심해야 한다. 카렌은 점점 더 화가 나고 있다. 특히 클락에게 그렇다. 종종 클락에게 자신을 내버려두라고 소리를 지른다. 하지만 이런 행동은 아주 약한 것이다. 카렌은 마치 휴식 중인 화산에서 연기가 모락모락 나오는 것 같은 상태였다.

그러던 어느 날, 카렌은 등기우편을 하나 받는다. 그것은 클락이 낸 소송에 관한 것으로, 자신이 작년에 카렌보다 아이들을 하루 더 맡았다며 그녀에게 양육비를 청구한다는 내용이었다. 이 소송을 내기 위해 클락은 의도적으로 새해 전날 아이들을 자신의 집에서 재우겠다고 말했던 것이다. 마침 저기 클락이 아무 일 없었다는 듯 뻔뻔한 얼굴로 어슬렁거리며 오고 있다.

카렌은 너무 화가 나서 미쳐버릴 것 같다. 쉬지 않고 악을 쓰고, 통지서를 찢어서 클락 얼굴에 던진다. 그러고는 있는 힘껏 클락의 가슴을 떼밀었다. 어찌나 세게 밀었는지 90킬로그램도 넘는 클락이 바닥에 넘어졌다. 카렌은 자신이 평생 입에 담아본 적도 없는 욕을 목청껏 하고 있는 자신을 느꼈다. 악을 쓰면 쓸수록 더 큰 소리로 악이 쓰고 싶어진다. 클락이 차를 타고 떠나려 하자 카렌은 보조석에 타 계속 폭언을 퍼붓는다.

그녀는 분노에 차서 침을 튀기며 말을 한다. 이렇게 쉼 없이 분노를 쏟아내기를 한 시간 반, 주기적으로 몇 초 동안 진정하는 기미를 보이다가도 다시 악을 쓰기 시작한다. 그녀는 분노의 베수비오 산처럼 완전히 폭발하였다. 카렌의 욱하는 성질이 터진 것이다.

이때의 카렌의 분노는 5장에서 설명했던 테리의 분노와는 다르다. 카렌은 의식을 잃지 않았다. 무엇보다 카렌이 욱하는 성질을 터뜨린 까닭은 죽음에 대한 위협 때문이 아니라 엄청난 분노와 무력감 때문이다. 카렌은 체념성 분노를 경험한 것이다.

체념성 분노

체념성 분노는 자신에게 중요한 상황을 통제할 수 없을 때 느끼는 무력감에 의해 촉발되는 엄청난 분노이다. 이 현상은 정말 중요한 상황을 바꾸기 위해 최선을 다했지만 어떠한 방법도 통하지 않았을 때 발생할 수 있다.

한 예로 마이런은 지난 몇 년 동안 암투병 중이었다. 그는 기도, 화학 요법, 방사선 치료, 대체의학, 심지어는 실험단계에 있는 약까지 모든 방법을 시도해보았지만 어떤 것도 병의 진행 속도를 늦추지 못한다는 걸 알고 체념성 분노를 느꼈다.

그는 결국 하느님을 향해 주먹질을 하며 왜 자신에게만 이런 고통을 주는지 설명하라고 요구했다. 하느님이 아무런 답을 않자 마이런에게 더욱 절망적인 분노가 솟구쳤다. 그는 자신에 대해, 하느님에 대해, 가족에 대해, 그리고 세상에 대해 분노를 쏟아냈다.

체념성 분노는 서서히 쌓인다. 처음에는 화가 부글부글 끓다가 펄펄 끓는다. 그러다 마음이 바짝 졸게 되고 결국에는 속이 시커멓게 타버린다. 사람들은 상황을 좋게 만들기 위해 계속 이 방법 저 방법을 쉼없이 시도한다. 하지만 장기적인 효과는 없다. 삶은 종종 좋아지기는커녕 계속 나빠지기만 할 때가 있다.

카렌은 점점 더 옴짝달싹할 수 없는 기분에 빠지고, 마이런의 상태는 점점 더 나빠지기만 한다. 그들은 끊임없이 노력하며, 더욱 깊숙이 파고든다. 하지만 고통은 쉽게 가시지 않는다. 그리고 결국 압박감은 계속해서 누적되다 폭발한다.

당신은 어떤가?

계속 이야기를 진행하기에 앞서 묻겠다. 자신이 무기력하거나 통제
불능인 것처럼 느꼈던 상황이 있는가? 그런 상황에 처했을 때의 기분
을 가장 잘 설명해주는 질문은 어떤 것인가?

- 다른 사람들이 자신의 말을 듣지 않거나 이해하지 못해서 폭발할 것
  같았던 적이 있었는가?
- 자신의 힘으로 조절할 수 없는 상황 때문에 절망하고 분노한 적이 있
  었는가?
- 혼자서 '이제 도저히 못 참겠다'거나 그와 비슷한 생각을 한 적이 있
  는가?
- 그게 설령 상황을 악화시키는 행동이라 해도 너무 화가 나서 무언가
  를 하지 않고는 못 견딘 적이 있었는가?
- 자신이 바라는 대로 일이 풀리지 않았다고 바닥을 치고, 물건을 부
  수거나, 악을 쓴 적이 있는가?
- 자신을 통제하거나 지배하려는 사람들에게 복수하거나 폭력을 쓰려
  는 생각을 한 적이 있는가?

- 통제력을 잃고 나중에 후회할 말이나 행동을 한 적이 있는가?
- 자신의 뜻대로 통제할 수 없는 상황이나 사람에게 맹렬한 분노를 느낀 적이 있는가?
- 지금은 어떤가? 앞서 이야기한 감정이나 생각이 드는가? 오늘 체념성 분노가 터질 가능성은 얼마나 되는가?

체념성 분노를 이해하기 위한 열쇠

체념성 분노를 보이는 사람은 무엇 때문에 이런 행동을 할까? 사실, 모든 체념성 분노의 중심에는 한 가지 단순한 사실이 있다. 자신의 의지와는 상관없이 통제력을 잃었을 경우 화가 커지기 시작한다는 점이다. 이것은 독립성, 자기 결정력, 사생활, 그리고 자제력을 중시하는 성향의 사람들일 경우 특히 그렇다. 이들은 자신의 운명을 스스로 개척할 것을 요구한다. 독립적이라는 말은 강한 사람이라는 뜻이다. 다른 사람에게 의지하면 나약한 사람으로 치부한다. 자신의 삶을 스스로 책임지는 것은 강인하다는 증거이다. 하지만 자신의 삶이 다른 사람의 손에 달려 있다면 비참한 인생을 살고 있다고 취급당한다.

그렇다면 자신의 삶을 통제하지 못하게 되면 어떻게 될까? 그 답은 평범한 양로원에서 찾을 수 있다. 그곳에서는 냉혹하고 화가 나 있는 할머니 할아버지들을 흔히 볼 수 있다. 그들은 더 이상 자신이 일어나고 싶은 시간에 일어나고, 먹고 싶은 걸 먹고, 이야기하고 싶은 사람이나 이야깃거리를 고를 수 없게 된 이 세상을 증오한다. 그래서 입버릇처럼 "저리 가, 날 내버려둬"라고 말한다. 그들은 자유를 제한받고 있으며, 이에 대해 몹시 불쾌해하고 있다.

나이가 많고 적고를 떠나 사람들은 자유가 제한되면 항의를 한다. 맞서 싸우려고 하는 것이다. 하지만 어떤 경우에는 아무리 열심히 싸워도 입지가 좁아지기만 할 때가 있다. 상황이 그렇게 되면 사람들은 절박해지며 그때부터 체념성 분노가 자라기 시작한다.

이번에는 영화를 예로 들겠다. 영화 〈존 큐〉의 덴젤 워싱턴은 평범하고 조용하며 상냥한 남자이다. 그는 자신이 다니던 공장이 정리 해고와 삭감을 단행하자 이에 무기력하게 휘둘린다. 그는 매사가 물에 술 탄 듯 술에 물 탄 듯한 사람이다. 그는 남보다 뛰어나고 싶은 욕심도 없었고 좋은 삶을 살면 그만이라고 생각했다.

그러던 어느 날 자신의 아들이 심장이식을 받지 못하면 죽는다는 사실을 알게 된다. 하지만 존 큐는 아들을 위해 보험금을 탈 수 없는 상황이다. 아들은 죽어가고 있는데 아무것도 할 수 없다. 그는 병원 회계담당자와 대화로 풀어보려 했지만 부질없는 짓이었다. 다음에는 돈을 빌려보려 하지만 그것마저도 실패한다. 아들의 병세는 점점 심해져만 간다.

그때 존의 부인이 "존, 어떻게 좀 해봐!"라고 악을 쓰며 외친다. 그 말에 존은 집에 가서 총을 챙겨와 응급실을 점령해버린다. 아무 계획도 없다. 자신의 행동이 과연 도움이 되는지 어떤지도 모른다. 하지만 존은 아들의 목숨을 구하기 위해 무엇이든 해야 한다고 생각한다.

괴로움이 많이 쌓여야만 체념성 분노가 터진다. 자신의 운명에 맞서기 위해 이런저런 비효과적인 일을 하면서 차츰 더 절박해지는 것이다.

체념성 분노의 발전 단계

체념성 분노는 6단계를 거쳐 발전한다. 각 단계가 무서운 태풍을 품은 시냇물이라고 했을 때 이것들이 동시에 강으로 쏟아지면 둑이 넘칠 수 있다. 사람들은 그 순간에 '이제 더는 못 참겠다'라고 생각하며 욱하는 성질을 폭발시킨다.

체념성 분노를 구성하는 6단계는 다음과 같다.

1. 자신이 남에게 심한 상처를 받았다고 생각한다. 이 상처는 육체적인 것, 금전적인 것, 혹은 감정적인 것일 수 있다.
2. 상황을 바꿔보려 수차례 노력하다가 결국 부질없는 짓이라고 생각하며 무력감을 느낀다.
3. 사회적으로 용인될 수 있는 방법을 다 시도한 끝에 결국 극단적인 방법을 택한다.
4. 문제에 대해 심각하게 집착하기 때문에 다른 일에 대해서는 전혀 생

각하지 못한다.

5. 점차 자신이 다른 사람들의 고의적인 행동이나 생각 없이 한 행동의 죄 없는 피해자라고 생각한다.

6. 자신이 입은 피해에 대해 옳고 그름을 바로잡기 위해서 상징적인 행동을 세밀하게 계획하며 심지어 이를 실행에 옮기기도 한다.

이제 체념성 분노를 구성하는 각 단계들을 살펴보자. 그냥 살펴보기보다는 이론이라는 뼈대 위에 실제 경험이라는 살을 붙여보자. 한 예로 무력감으로 인한 분노 때문에 살인까지 저지른 한 남자의 실화를 들어보겠다.

체념성 분노가 있는 남자

2005년 2월 28일, 바트 로스라는 남자가 조안 레프코우 판사의 시카고 집에 침입한다. 그는 레프코우 판사를 살해하기 위해 몇 시간을 집에 잠복해 있다가 결국 그녀의 남편과 어머니에게 발각된다. 그는 그 둘을 모두 총으로 쏘아 죽인 후 집에서 나온다. 그로부터 얼마 후, 그는 분노에 찬 유서를 남긴 채 스스로 목숨을 끊었다.

바트 로스는 체념성 분노가 어떻게 커지는가를 보여주는 예이다. 그는 앞서 설명한 여섯 가지 단계를 모두 거친 것으로 추정된다.

1단계 : 그는 자신이 한두 번이 아니라 여러 차례 상처를 입었다
고 믿는다.

바트 로스는 1990년대 중반 시카고의 한 병원에서 구강암 치료를 받았다. 그는 수술 과정의 실수로 자신이 기형이 되었다고 믿었다. 이 사건은 로스의 머릿속에 첫 번째 불공평한 사건으로 기억된다. 그 후로도 수차례 이와 같은 불공정한 일이 발생한다. 그는 병원과 자신의 수술을 담당한 의사들에게 소송을 걸지만 항상 지기만 했다. 심지어 몇몇 법정에서는 아예 기각된다. 결국 로스는 일리노이 주와, 의사들, 변호사들을 상대로 수백만 달러를 요구하는 소송을 연방 법원에 낸다. 그리고 레프코우 판사가 그 사건을 담당한다.

여기서 무엇이 진실인지는 중요치 않다. 로스가 완전히 망상에 빠진 것일 수도 있고, 일말의 진실을 이야기하는 것일 수도 있다. 중요한

것은 그는 자신이 옳다고 확신했으며, 자신이 잔인하고 무정한 사회 체계에 의해 수차례 짓밟혔다고 믿었다는 것이다. 그리고 이 믿음은 극단적인 행동을 하도록 부추겼다.

2단계 : 로스는 상황을 바꿔보려 수차례 노력했지만 아무것도 변하지 않자 좌절한다.

로스는 유서에 '변호사들은 날더러 의사들에게 가보라 하고 의사들은 날더러 변호사를 구하라고 한다'고 썼다. 그는 자신의 불공정한 상황을 바로잡기 위해 5천 마일을 돌아다니며 수백 명이 넘는 변호사와 의사를 만났다. 하지만 이 모든 노력은 부질없는 짓이었다. 10년이라는 시간이 흘러 2005년이 되었지만 그는 자신이 생각하는 정의에 한 발짝도 다가가지 못했다.

2단계에 속한 사람들이 느끼는 감정으로는 무력감, 나약함, 절박함이 있다. 이 밖에도 압도당했다는 느낌, 함정에 빠졌다는 느낌, 사람들에게 집단으로 공격당했다는 느낌, 희생양이 되었다는 느낌을 받으며 자신이 오해받고 있으며 버림받았다고 생각한다. 상황이 어찌 되었든 문제를 바로잡겠다는 인간의 욕구는 압도적인 무력감 앞에서도 계속되는 모양이다. 로스가 무엇보다 견디기 힘들었던 말은 '패배'가 아니었을까? 로스는 계속해서 자신의 사건을 탄원한다.

3단계 : 로스는 사회적으로 통용될 수 있는 모든 방법을 시도한 끝에 결국 극단으로 치닫는다.

174

어느 순간이 되면 사회적으로 통용되는 방법이 모두 바닥난다. 아무도 로스의 사건을 맡으려 하지 않았다. 로스를 위해 싸워주겠다는 사람은 없었다. 아마 평범한 사람이라면 자신이 아무리 불합리한 일을 당했어도 진작 싸움을 포기하고 자신의 삶을 되찾고 싶어 했을 것이다. 로스가 그럴 수만 있었다면 세 사람은 아까운 목숨을 잃지 않았을 것이다. 하지만 그는 포기할 수 없었다. 사회적으로 용인되는 방법이 바닥난 로스는 훨씬 극단적인 방법들을 생각하기에 이른다.

4단계 : 로스는 이 문제에 지나치게 집착하기 때문에 다른 일은 전혀 생각하지도 못하는 단계에 이른다.

부담이 커지면 커질수록 화가 치민 사람의 정신세계는 점점 좁아진다. 그들은 자신이 받은 상처에 대해서만 생각한다. 삶 전체가 문제를 바로잡는 일을 중심으로 돌아간다. 그들은 그 문제에 심각하게 집착하게 된다. 그들은 어떤 대화든 자신의 삶에 유일한 목적인 그 사건에 대해 이야기하도록 이끈다. 예를 들어, 바트 로스는 토마토에 대한 이야기를 가지고도 의사들이 자신의 입을 망가뜨려 토마토를 먹을 수 없게 되었다는 이야기로 몰고 간다.

5단계 : 로스는 점차 자신이 다른 사람들의 고의적 행동이나 생각 없이 한 행동에 대한 죄 없는 피해자라고 생각한다.

과대망상증은 집착과 종이 한 장 차이이다. 집착하면 할수록 사람들이 자신을 무너뜨리기 위해서 작당했다고 믿게 되며, 자신의 편에서지 않는 사람은 모두 다 적으로 간주한다. 로스는 과대망상증 환자들이 으레 그러하듯 자신이 악랄한 사람들의 계획에 희생되고 있다고 믿는다. 로스가 쓴 편지 중에는 극악한 법적 힘을 이용해 자신을 해친 레프코우 판사를 '나치 같은 범죄자이며 테러리스트'라고 한 구절이 있다.

6단계 : 로스는 자신이 입은 피해를 바로잡기 위해 구체적인 계획을 세운다.

바트 로스는 이 상황에서 피해를 입고 있는 사람은 자신뿐이라고 생각했다. 그는 자신에게 상처를 준 사람들에게 복수할 권리가 있다고 믿었다. 그가 얼마나 오랫동안 복수를 계획했을지 누가 알겠는가? 그의 보복 공격은 특정 판사 한 명만을 공격하기 위한 것이 아니라 법조계·의료계 전체를 상대로 계획된 것이었다. 로스는 스스로와 세상에게 자신은 더 이상 약하고 무력한 피해자가 아님을 알릴 수 있는 무언가를 원했으며 또한, 필요로 했다.

다행히도 이 세상에는 바트 로스 같은 사람이 많지 않다. 하지만 많은 사람이 자신에게 해를 입혔다고 생각하는 사람들에 대한 증오를 조용히 불태우고 있다. 그들은 종종 부분적으로 이성을 잃곤 한다.

이 책을 읽는 당신도 이런 증상이 있을 것이다. 만일 본인이 여기에 해당된다면 지금부터 이번 장을 더 자세히 읽기 바란다.

체념성 분노를 예방하는 방법

체념성 분노는 자신의 삶을 스스로 조절할 수 없다고 생각했을 때 발생한다. 그러므로 자신의 삶을 일부나마 조절할 수 있다는 인식을 되찾는 게 체념성 분노를 예방할 열쇠이다. 자신의 삶을 조절할 수 있다는 자신감을 되찾는 방법에는 크게 두 가지가 있다.

첫째, 더욱 새롭고 효과적인 방법을 생각해낸다.
둘째, 마음을 비우고 가망 없는 싸움을 접는다. 현실을 받아들이고 자신의 인생을 살아야 한다.

어떤 상황에서는 첫 번째 방법이 효과적이고, 어떤 상황에서는 두 번째 방법이 효과적이며, 많은 경우 두 가지 방법을 함께 사용하였을 때 가장 좋은 결과를 얻을 수 있다. 이제부터 이 두 가지 방법을 이용하여 체념성 분노를 예방하는 방법을 살펴보겠다.

먼저 자신에게 체념성 분노로 발전할 만한 화가 나는 상황이 있지는 않은지 스스로에게 물어보라. 즉, 자신의 화가 체념성 분노로 발전할 수 있는 상황에서 발생한 것인지에 대해 생각해보라. 상황은 거의 날마다 신문이 늦게 온다는 등의 사소한 것에서부터 카렌과 클락의 싸움처럼 훨씬 심각한 문제일 수도 있다. 어떤 방법이 가장 효과적일지를 고민하며 이번 장을 마저 읽기 바란다.

더욱 효과적인 방법을 찾아라

'완전히 망가진 게 아니면 고치지 마라'라는 옛말을 들어보았을 것이다. 이 말을 뒤집어 생각하면 '고장이 났으면 방법을 고쳐라'라는 말로 해석할 수 있다. 이것이 바로 체념성 분노를 예방하는 첫 번째 열쇠이다.

이제부터 기존 방법을 더욱 효과적이고 새로운 방법으로 고치기 위해 따라야 할 6단계를 소개하겠다.

1단계 : 무엇이 문제인지 분석하라.

카렌은 욱해서 클락에게 분을 터뜨린 후 자신의 상황을 점검해보았다. 그녀는 자신이 클락에게 화를 낼 수밖에 없는 상황을 스스로 만들고 있다는 것을 깨달았다.

"그가 저를 공평하고 상식적으로 대해줄 거라 생각했어요. 자신보다는 아이들을 최우선에 놓을 거라고 마음대로 착각했던 거죠. 그가 따뜻하고, 사려 깊고, 남을 배려할 줄 알기를 바랐지요."

하지만 클락은 한 번도 따뜻하게 대하거나 사려 깊거나 남을 배려한 적이 없었다. 카렌이 클락과 이혼한 까닭도 그가 생각 없고, 이기적이고, 배려심이라곤 없었기 때문이다. 그렇다면 카렌은 왜 이제 와서 클락이 달라지길 기대했을까?

카렌도 다른 많은 사람처럼 자신의 실수를 반복한다. 그녀는 매번 다른 결과를 기대하며 같은 실수를 계속 되풀이한다. 이번 경우는 클락이 자신의 부탁을 들어줄 거라고, 혹은 자신과의 약속을 지킬 거라고 믿었기 때문에 일어난 것이다. 클락을 믿는다는 것은 자신의 행복을 그의 손에 맡기겠다는 것이나 다름없다. 그다지 현명한 선택은 아니었다.

클락은 결국 카렌의 기대를 저버렸고 카렌은 몹시 화가 났다. 카렌은 이럴 때마다 자신의 어리석음과 나약함을 탓하며, 엄청난 분노를 느낀다. 결국 이성을 잃고 폭발한 것도 무리는 아니다.

카렌과 비슷한 행동을 하고 있는가? 해묵은 방식을 되풀이하며 새로운 결과를 기대하고 있지는 않는가? 만일 그렇다면 스스로 체념성 분노를 부르는 것이다.

2단계 : 효과 없는 방법은 과감히 멈추어라.

오래된 습관은 바꾸기 어렵다. 하지만 클락에게 분노를 터뜨리지 않으려면 카렌은 습관을 바꿔야 한다. 그래서 카렌은 '절대 하지 말아야 할 것' 목록을 만들었다. 클락에게 아무것도 바라지 말 것, 클락이 제시간에 나타날 거라 기대하지 말 것, 클락이 약속을 지킬 거라 기대하지 말 것, 클락이 아무리 공손하게 말해도 어떤 부탁도 들어주지 말 것, 클락이 아이들을 데리고 있을 차례일 때는 아무리 힘들어해도 도와주지 말 것, 무슨 일이 있어도 클락에게는 의지하지 말 것들이 그것이다. 카렌은 위의 행동 때문에 도움은커녕 오히려 화를 돋웠다.

당신은 어떠한가? 아무 효과도 없는 행동을 되풀이하고 있는 건 아닌가? 구체적으로 어떤 습관을 고쳐야 할까?

3단계 : 새로운 목표, 현실적인 목표를 세워라.

체념성 분노를 예방하기 위한 좋은 방법 중 하나는 효과적인 행동을 취하는 것이다. 카렌이 그동안 했던 행동을 멈춘다고 모든 문제가 해결되는 것은 아니다. 그러한 방식만으로는 자칫 공황 상태에 빠질 수 있다. 카렌은 새로운 작전 계획을 세워야 한다. 즉, 현실적인 목표를 정해야 한다는 것이다.

카렌은 클락에게 휘둘리지 않고 소통할 수 있는 방법에 대해 개괄적인 계획을 세운다. 계획을 머릿속에 그려만 봐도 마음이 편해지는 걸로 봐서는 목표를 제대로 정했다는 확신이 든다. 이번 목표는 자신이 클락을 대하는 태도를 변화시킬 수 있게 방향을 제시해줄 것이다.

물론 이루기 쉬운 목표는 아니다. 클락은 오랫동안 자기 멋대로 일을 해왔기 때문에 쉽게 통제권을 넘기려 하지 않을 것이다. 그러나 카렌은 긍정적인 목표를 세우면서 자기 삶의 주인은 클락이 아니라 카렌 자신임을 상기한다.

무력한 상황에서 벗어나려면 어떤 계획이 필요하다고 생각하는가? 자신의 삶에 대해 통제력을 조금이나마 회복했다는 느낌을 가지려면 어떤 목표를 세워야 할까?

4단계 : 목표를 이루기 위한 구체적인 목표를 세워라.

카렌은 이제 포괄적인 목표를 구체화된 행동 목표로 만들어야 한다. 이를 위해서는 많은 고민이 필요하다. 불분명한 바람들은 금물, 구체적인 지침들이 필요한 때이다. 카렌은 앞서 만든 '하지 말아야 할 것' 목록을 보완하는 '해야 할 것' 목록을 만들어야 한다.

이제 카렌이 세운 목표를 보자. 클락이 아이들을 늦게 데리고 올 때마다 기록해둘 것. 상황이 어떻든 간에 클락에게 자신이 할 수 있는 일과 없는 일을 명확하게 말할 것. 클락이 무언가를 약속하면 그에 따른 정확하고 구체적인 책임을 요구할 것. 클락이 양육비를 계속 요구할 경우 변호사를 고용할 것. 클락이 어떤 핑계를 대든 자신이 맡기로 한 만큼만 아이들을 돌볼 것.

카렌은 앞으로 이 목록에 다른 목표를 더해야 할 수도 있다. 하지만 일단 지금으로서는 '해야 할 것'과 '하지 말아야 할 것' 목록이 새로운 행동을 위한 지침을 분명하게 제시하고 있는 듯하다.

이제 당신 차례이다. 자신을 강하게 만들고, 목표를 효과적으로 달성할 수 있게 만드는 '해야 할 일'을 여섯 가지 정도 정할 수 있는가? 목록을 만들면 갑갑한 마음과 화가 한결 진정될 것이다.

5단계 : 새로운 행동 방식을 실천하라.

새로운 행동이란 시작하기도 힘들고, 꾸준히 계속하기도 힘들다. 다행인지 불행인지 클락은 카렌에게 연습할 기회를 자꾸 준다. 어제만 해도 클락은 카렌에게 전화를 걸어 아이들을 예정보다 일찍 데려갈 수 없겠냐고 물었다. 카렌은 지금까지는 항상 그러겠다고 대답했다. 하지만 그렇게 대답하고 나면 어김없이 속은 것 같고 이용당한 것 같은 느낌이 들었다. 그래서 이번에는 싫다고 했다.

물론 클락은 화를 냈다. 처음에는 카렌이 죄책감에 아이들을 데려

가게 만들려고 했다. 그 방법이 통하지 않자, 다음에는 카렌이 부탁을 하면 들어주지 않겠다고 협박한다. 하지만 카렌은 '하지 말 것' 목록을 만든 후로 클락에게 아무런 부탁도 한 적이 없으니 문제될 것이 없었다.

카렌은 클락 말에 흔들렸지만 굴복하지 않고 자기 입장을 굳건히 지킨다. 카렌은 클락에게 법원 명령대로 금요일 밤 여섯 시에서 여덟 시 사이에 아이들을 데려와야지 낮에 데려와서는 안 된다고 분명하게 말한다. 클락은 투덜투덜거리며 전화를 뚝 끊었지만 법원 명령을 지킬 가능성이 높다. 게다가 카렌은 어차피 금요일에 약속이 있으며, 클락이 아이들을 일찍 데리고 오지 못하게끔 여섯 시 직전까지는 집에 들어가지 않을 생각이다. 카렌 스스로도 놀랄 만큼 새로운 행동들이 효과를 발휘하고 있다.

자신의 갑갑한 상황을 치료하기 위한 방법을 빠른 시일 내에 하나 골라 실천해야 한다면 무엇을 하겠는가? 만일 그 방법이 효과적이라면 계속하겠는가? 만일 효과가 없다면 무엇이 잘못된 것인지 찾아낼 수 있겠는가?

6단계 : 주기적으로 경과 상황을 점검하고 필요하다면 새로운 행동 지침을 만들어 실험해보라.

카렌은 점점 나아지고 있다. 이제는 클락을 떠올려도 예전처럼 속을 끓이지도 않고, 같이 있을 때도 비교적 안정적인 상태를 유지한다. 하지만 아직도 카렌을 괴롭히는 클락의 못된 수법이 하나 있다. 클락은 아이들에게 사치스러운 옷을 사준다. 화려한 코트, 비싼 액세서리, 그리고 세심하게 다루어야만 하는 옷가지들…….

아이들이 필요 없다고 해도 아랑곳하지 않는다. 심지어는 아이들을 카렌 집에 데려다 줄 때 억지로 새 옷을 입힌다. 카렌은 클락이 일부러 자신의 기를 죽이려고, 자신보다 돈이 많다는 것을 과시하려고 이런 행동을 한다는 것을 깨닫는다.

그래서 카렌은 새로운 전략을 편다. 그녀는 클락에게 자신은 앞으로 새 옷을 빨지도, 고치지도, 취급하지도 않겠다고 선언한다. 아이들이 새 옷을 입고 오면 봉지에 담아 다시 돌려보낼 테니 클락더러 알아서 세탁하라고 한다. 아나나 다를까 클락은 곧 아이들에게 새 옷을 입혀 카렌 집으로 보내는 일을 그만둔다.

영원한 답은 없다. 예전에는 통했지만 이제는 더 이상 통하지 않는 방법이 생길 것이다. 그런 방법을 대체할 수 있는 전략을 새롭게 계획하고 발전시킬 수 있도록 준비하라. 자신이 체념성 분노를 향해 또다시 치닫고 있다면 새로운 시도를 해야 할 때이다.

현실을 받아들여라

말썽 많고, 사람 피곤하게 하고, 까다로운 사람들과 함께 사는 방법에 대한 책은 예전부터 많이 출판되었다. 하지만 당신이 어떤 말이나 행동을 하든 이들은 계속 말썽 많고, 사람 피곤하게 하고, 까다로운 사람으로 남을 것이다. 카렌의 전남편 클락만 봐도 그렇다. 카렌이 이떤 일을 하든 그는 불평과 잔소리를 늘어놓으며 그녀의 기분을 망친다. 그녀는 클락이 전화를 할 때마다 그의 목을 졸라버리고 싶다. 카렌은 또다시 체념성 분노를 겪고 싶지 않다. 지난 번 것만 해도 회복하는 데 여러 주가 걸렸다. 하지만 화가 점점 커지는 게 느껴진다.

그렇다면 이제 어떻게 해야 할까?

카렌은 클락에게 쏟던 에너지를 자신에게 쏟아야 한다. 그녀는 클락을 조종하겠다는 마음을 버리고 자신의 삶을 살아야 한다. 클락은 바뀌지 않을 거라는 현실을 받아들여야 한다.

카렌이 따라야 할 6단계를 소개하겠다. 이 6단계는 부질없는 싸움을 끝내고 자신의 삶을 되찾아야 하는 사람 누구에게나 도움을 줄 것이다.

1단계 : 자신이 모든 걸 조종할 수 없다는 것을 받아들여라.

누구나 살아가는 동안 어떠한 형식으로든 평온을 위한 기도를 했을 것이다.

"하느님, 제게 바꿀 수 있는 것은 바꾸는 용기와 바꿀 수 없는 것은 받아들일 수 있는 평온, 그리고 그 차이를 알 수 있는 지혜를 주시옵소서."

나는 개인적으로 두 번째 구절이 가장 어려운 부분이라고 생각한다. 우리 인간은 능력의 한계를 잘 받아들이지 못하기 때문이다.

체념성 분노가 잘 터지는 사람은 보통 고집도 세다. 쉽게 포기하지 않고, 자신이 도덕적으로 옳다고 생각하거나 꼭 필요하다고 생각하는 일을 위해 꾸준히 싸우는 사람일 것이다. 고집은 다양한 분야에서 긍정적으로 작용한다. 예를 들어, 무슨 일이든 일단 시작하면 확실히 마무리를 한다는 장점이 있겠다. 하지만 한 사람의 장점이 단점이 될 수도 있다. 자신이 바꿀 수 없는 것도 있다는 걸 받아들이지 못하기 때문이다.

변하지 않는 사람도 있다. 그냥 원래 그런 법이다. 시간과 노력을 아무리 쏟아도 조절이 안 되는 것들이 있게 마련이다. 통제력이라는 환상에 매달리고 있었던 건 아닌가? 만일 그랬다면, 왜 그랬는가?

다음 질문을 자신에게 해보라. 왜 자신의 세계를 완전히 통제하지 못한다는 걸 받아들이기 힘든가? 나쁜 일이 생길까 봐? 아니면 누군가 당신의 삶에 끼어들어 당신까지 통제할까 봐? 자신이 작고 나약하다는 걸 느낄까 봐? 아니면 자신이 죽을까 봐?

이번에는 이 문장을 소리 내어 읽어보라.

"나는 모든 걸 조절할 수 없다."

기분이 어떤가?

이 문장도 읽어보라. 빈칸에는 자신이 통제해보려 노력했지만 계속 실패한 사람의 이름을 써넣어라.

"내가 _____을/를 통제할 수 없다는 현실을 받아들인다."

체념성 분노를 고치려면 반드시 내가 모든 걸 조절할 수 없다는 사실을 인정해야 한다. 하지만 두루뭉술한 철학적 문장을 하나 정했다고 다 해결되는 것은 아니다. 즉, 카렌은 자신이 클락을 조종할 수 없다는 것을 스스로에게 되풀이해서 환기시켜줘야 한다.

또한 카렌은 생각을 더욱 구체화시켜야 한다. 의식 깊은 곳에서부터 클락의 밀고 당기기나, 심리전, 꼬임에 넘어가서는 안 된다고 자신에게 끊임없이 상기시켜야 한다.

마지막으로 카렌은 클락이 아이들을 집에 데려오는 시간이나, 클락이 아이들과 있을 때 애들에게 하는 말이나, 자신에게 소송을 걸고 안 걸고의 여부를 조종할 수 없다는 사실을 받아들여야 한다.

자신의 통제력에 한계가 있다는 것을 인정하는 일은 배를 타고 강을 거슬러 올라가려는 것과 같다. 저항이 따를 수밖에 없다. 그러므로 카렌은 마음을 간혹 다질 것이 아니라 클락이 매번 아이들을 데리러 올 때마다 상황을 조절하겠다는 마음을 버려야 한다고 자기 스스로에게 상기시켜야 한다. 아마 다른 사람들의 도움도 많이 필요할 것이다. 카렌과 비슷한 경험을 한 친구나, 사랑이 넘치는 부모님, 이혼자 모임, 혹은 전문 상담가와 이야기를 나누는 게 큰 도움이 될 것이다. 그들은 카렌의 배가 무사히 도달할 수 있게 도와준다.

어떤 구체적인 상황을 그려보라. 자신이 그 상황에서 무엇을 통제하지 못했을 때 체념성 분노로 이어지는가?

자신이 구체적으로 어떤 상황에서 무엇을 통제하지 못했을 때 체념성 분노를 일으키는지 나음 문장의 빈칸에 정확하게 기술해보라.

"나는 내가 _____ 통제하지 못한다는 것을 받아들여야 한다."

"또한 나는 _____ 도 통제할 수 없다."

"그리고 나는 _____ 도 통제할 수 없다."

3단계 : 자신이 상대방에게 헛된 기대를 품고 있었던 건 아닌지 자문해보라.

지금까지는 당장 눈앞에 닥친 문제를 직접 살펴봤다. 하지만 체념성 분노는 강력하다. 쉽게 고쳐지는 문제가 아닌 것이다. 이것은 영혼 깊숙한 곳에서 싹트며, 자신이 절실하게 원하고 필요로 하는 것을 중심으로 발전한다. 그렇기 때문에 마음속 깊은 곳을 바라봐야만 한다.

마음속 깊은 곳에 자리한 바람, 너무 열망하다 못해 화가 치미는 마음과 같은 감정이 주로 체념성 분노를 자극하는 핵심이다.

카렌은 마침내 자신이 지금껏 클락에게 인정받고 싶어 했다는 걸 깨달았다. 그가 자신을 인정만 하면 자신을 존중하고 위해줄 거라고 생각했던 것이다. 하지만 그들의 결혼생활 동안 클락은 카렌을 인정하지 않았다. 오히려 너무나 인정하지 않아서 그게 이혼의 가장 큰 원인이 되었다. 하지만 카렌은 클락이 자신을 점점 더 무시하는데도 계속 희망을 버리지 못했다. 다행히 카렌은 자신이 클락에 대해 헛된 기대를 품고 있다는 것을 깨닫고 모든 기대를 버렸다. 클락이 자신을 인정하도록 만들 수 있다는 환상에서 벗어난 것이다.

그렇다면 레프코우 판사에게 독이 오를 대로 오른 남자 바트 로스는 왜 그랬을까? 무얼 얼마나 간절히 바랐기에 갖지 못했다고 사람을 죽였을까? 존중? 인정? 동정? 보살핌? 아마 영원히 그 답을 알 수는 없을 것이다. 하지만 로스가 정당성을 인정받기 위해, 법적으로 자신의 입장을 증명하기 위해 그토록 발버둥 치게 만든 것은, 마음속 깊은 곳에 자리한 집착일 것이다.

쉽게 잊지 못하고 마음에 담아두고 있는 상황이 있다면 이에 대해 생각해보라. 반복적으로 일어나는 것이 있는가? 자신이 바라는 것과 이룰 수 없는 것이 무엇인지 구분할 수 있겠는가? 자신이 간절하게 바라고 있는 것 중에 이루지 못하고 있는 것은 없는가? 현실에서도 자신이 원하는 특정 인물이 자신이 원하던 모습 그대로 꿈을 이뤄줄 거라고 생각하는가? 환상을 버리지 않는 한 현실로 돌아갈 수 없는 상황인가?

4단계 : 상대방이 자신의 바람을 들어주지 않으면 최악의 사태가 벌어질 것이라는 공포에서 벗어나라.

카렌은 아이들이 클락의 말을 듣고 자신을 미워하게 될까 봐 두려워했다. 그녀는 아이들이 "아빠하고만 살고 싶어"라고 말하는 날이 올까 봐 전전긍긍했다. 그래서 카렌은 클락의 모든 거짓말, 과장, 속임수에 그토록 대응하려 했던 것이다. 하지만 카렌이 아무리 노력해도 클락은 늘 새로운 꿍꿍이를 생각해낸다. 카렌은 클락에게 주도권을 완전히 빼앗겼다. 그가 그녀의 운명을 조종하고 있다 해도 과언이 아니었다.

카렌은 아이들과 함께 살고 싶어 했다. 아이들 없이는 살 수 없기 때문에 카렌은 클락이 교묘한 심리전을 펼칠 때마다 더 화가 났다. 그때마다 그녀의 무력감과 불안감도 커져갔다. 즉, 체념성 분노가 다시 터질 수 있는 터가 마련되는 것이다.

카렌은 이러한 두려움을 이겨내야 한다. 어떻게 이겨낼 수 있을까? 우선, 카렌은 정확한 정보를 모아야 한다. 아이들은 아버지하고만 살고 싶어 하지 않는다. 아이들은 클락의 속임수에 넘어갈 정도로 어수룩하지 않다.

다음으로, 자신의 강점을 스스로 상기해야 한다. 카렌은 똑똑한 여자이기 때문에 스스로 자신을 지킬 수 있다. 물론, 클락이 교활하고 비열하긴 하지만 카렌에게서 아이들을 빼앗을 수는 없을 것이다.

마지막으로, 더 높은 차원의 정신적 측면에서 봤을 때 카렌은 어떤 일이든 이겨낼 수 있다. 그게 설혹 자신의 아이들을 빼앗기는 일이라 해도 말이다. 클락이 혹시나 아이들을 데려간다 해도 그 일조차 카렌을 무릎 꿇게 하지 못할 것이다.

자신의 비합리적인 공포에 대해 의문을 제기하지 않을 때 사람들은 돌발성 분노의 덫에 걸린다.

스스로에게 해볼 수 있는 질문 몇 가지를 준비했다.

상대방에게 자신이 원하는 것을 받지 못했을 때 무슨 일이 생길까 봐 걱정하고 있는가? 자신이 공포심에서 벗어나는 데 도움이 될 수 있는 말이나 생각에는 어떤 것이 있을까? 자신의 어떤 부분을 다른 사람이 좌지우지하고 있는가?

5단계 : 구체적인 행동과 생각으로 인생의 주도권을 되찾아라.

돌발성 분노를 식물에 비교한다면, 그것은 척박한 땅에서 잘 자라는 종으로 볼 수 있다. 돌발성 분노가 자라는 것을 막기 위한 가장 좋은 방법은 땅에 양분을 더하는 것이다. 자신의 힘을 되찾는 것만큼 좋은 양분도 없다.

예를 들어, 카렌은 아이들이 클락과 함께 있는 동안 자신은 어떻게 시간을 보낼지 계획을 세워야 한다. 아이들이 클락과 있을 때 카렌은 제일 걱정이 심했다. 주로 아이들이 돌아올 때까지 집에 있으며 끊임없이 초조해한다. 카렌은 부글부글 속을 끓이다 점점 더 화가 났다. 또다시 체념성 분노가 터질 것 같다. 하지만 카렌은 앞으로 속을 끓이는 대신 외출을 더 자주 하기로 결심한다.

그녀는 우선 친구들과 가볍게 커피를 마시러 나가는 것부터 시작했다. 2주 정도가 지나자 카렌은 자연스럽게 영화를 보러 나가거나 저녁 약속을 만들었다. 이제 그녀는 마지막 관문만 통과하면 된다. 일주일 동안 여행을 떠나는 것이다. 물론, 카렌은 자신의 두려움을 정면으로 이겨내야 한다. 일주일 뒤 여행에서 돌아왔을 때도 아이들은 여전히 자신과 함께할 것이라는 확신을 스스로에게 심어줘야 한다. 카렌은 이 모든 것을 극복하고 한동안 느끼지 못했던 자신감과 강인함을 갖고 여행을 떠난다.

사람마다 상황이 다르기 때문에 당신은 카렌과 다른 행동을 해야 할 것이다. 중요한 것은 약한 마음이 들거나 자신의 삶이 다른 사람에게 조종당하고 있음을 인식한 다음, 자신의 삶에 대해 통제권을 되찾는 것이다. 단, 다른 사람을 조종하려 들진 마라. 자신을 위해 스스로가 무엇을 할 수 있는지를 찾는 데 집중하라. 그래야만 자신의 힘을 되찾을 수 있다.

다음 질문을 자신에게 해보라.

언제 자신이 남에게 조종당하고 있는 것처럼 약하다는 느낌을 받는가? 이런 상황에서는 자신을 지키기 위해 무엇을 할 수 있을까? 그것이 어떻게 자신의 운명을 스스로 통제하는 데, 또한 한결 강인해졌다는 마음을 갖는 데 도움이 될까?

6단계 : 자신에게 상처준 사람을 향한 부글거리는 증오를 놓아라.

나쁜 일은 생각해봐야 기분만 나빠지다 결국 집착에 이르게 된다. 자신이 받은 상처나 모욕에 대해서만 시종일관 떠올리게 되는 것이다. 집착은 이런 부정적인 사건을 머릿속에서 되풀이하여 떠올리기 때문에 체념성 분노로 발전하기 쉽다.

한 상황에 대해 무력감을 느끼는 것도 무척 괴로운 일이다. 하지만 상대방에 대한 상처와 무력감, 분노 그리고 증오를 버리지 못하면 그것들이 자신에게 상처를 준 사람에 대한 절대적 증오심으로 바뀐다. 일단 상황이 그렇게까지 되면 체념성 분노가 터지는 건 시간문제일 것이다.

하지만 증오심을 어떻게 버릴 수 있겠는가? 자신에게 상처를 준 사람을 용서하는 게 그 답이 될 수 있다. 용서의 여러 정의 가운데 하나는 '상처를 준 사람에 대한 억한 심정과 복수심을 버리는 것'이다. 자신에게 상처를 준 사람이 벌을 받아야만 자신도 그 나쁜 기억을 잊을 거라는 생각에서 자유로워져야 한다.

용서란 어렵고도 더딘 과정이다. 모든 사람을 위한 것도 아니며 모든 상황에서 쓸 수 있는 것도 아니다. 상대를 용서하려고 애쓰는 것보다 마음을 비우고 자기 인생을 사는 게 훨씬 쉬울 때가 많다. 물론 용서는 해묵은 상처를 놓고 속을 부글부글 끓이는 일을 멈추게 할 수 있다. 그렇기 때문에 용서는 체념성 분노를 막기 위한 유용한 방법인 것이다.

체념성 분노를 막기 위한 가장 좋은 방법은 자신의 인생에 대한 통제력을 높이는 것임을 꼭 기억하라. 커다란 문제를 여러 측면으로 나누고 특정 측면을 관리할 수 있는 방법부터 찾아보는 것도 한 가지 접근 방식이 될 수 있겠다. 때로는 절대 변하지 않는 것도 있음을 인정하고 더 큰 보람을 주는 일을 찾아 자신의 인생을 살아야 할 때도 있다.

chapter 7

RAGE

수치심에서 비롯된 분노

무시당하는 기분이 자주 드는 남자 해리

해리는 올해 30세의 목수이다. 부인은 수잔이며 어린 아이 셋을 두고 있다. 해리는 자신의 인생에 감사하며 살고 싶지만 이를 가로막는 큰 문제가 하나 있다. 바로 다른 사람의 비판에 지나치게 민감하다는 것이다.

한 예로, 어제 해리는 고객의 주문으로 목제 테라스를 만들고 있었다. 그때 고객이 해리에게 오늘 언제쯤 일을 마칠지 물었다. 해리는 그 질문을 즉각 모욕으로 받아들였다. 그는 분명 그 남자가 자신이 일부러 돈을 더 받기 위해 시간을 끌고 있다는 투로 말한 것이라고 믿었다.

해리는 너무 화가 나서 얼굴이 보라색이 되었다. 그는 남자에게 저주를 퍼붓고는 자신의 값비싼 톱과 연장을 모두 그곳에 버리고 씩씩거리며 집으로 와버렸다. 집에 도착했을 때는 아무것도 모르는 부인이 해리가 해고되었다는 전화를 받고 혼란스러워하고 있었다.

196

"무슨 일이에요?"

부인은 해리가 오자마자 물었다. 해리는 또다시 폭발했다.

"당신까지 날 만만하게 보는 거야?"

그는 소리쳤다. 그러고는 아이들에게까지 소리를 질렀다.

"장난감 정리하라니까 그것도 안 하고. 아빠 말이 말 같지 않아? 성경에도 어린이는 어버이 말씀에 복종해야 된다고 똑똑히 나와 있어!"

해리는 그 말과 함께 자신의 인생에 대한 불평불만을 늘어놓기 시작한다. 아내는 이미 수도 없이 들은 이야기들이다. 자신을 존중하는 사람이 아무도 없다, 예전부터 다들 자기를 무시했다, 그러니까 세상이 망해도 자기는 눈 하나 깜짝 않겠다 따위의 말을 늘어놓는다. 해리는 푸념을 하면 할수록 더 화가 나고, 그럴수록 가족들은 더욱 겁이 났다. 다행히, 해리의 뇌 일부는 그에게 잠시 집 밖으로 나갔다 오라는 명령을 내릴 정도의 이성이 남아 있었다.

해리는 자신에게 욱하는 성질이 있음을 인정한다. 그는 가끔 너무 화가 나서 기억이 끊긴 적도 있다. 해리의 말을 들어보자.

"사람들이 저를 무시하거나 모욕하거나 깎아내리면 즉시 분노가 치밀어요. 어떨 때는 제 분노가 꼭 시한폭탄 같아요. 또 어떨 때는 분노가 제 생명을 모두 빨아들인다는 기분도 들어요."

해리는 분명 욱하는 성질이 있다. 하지만 그의 분노는 여태 언급했던 것과는 종류가 다르다. 육체적인 위험 때문에 일어나는 게 아니다(생존성 분노). 무력감을 느끼기 때문에 일어나는 것도 아니다(체념성 분노). 오히려, 해리가 그토록 비판에 민감한 것은 수치심 때문이다. 자신이 모욕을 당했다 싶으면 참지 못하고 반응한다. 아주 작은 지적에도 따귀라도 맞은 듯한 반응을 보인다. 그는 즉각 씩씩거리며 방어적인 태도를 나타낸다.

상대방이 의도적으로 모욕을 한 것이든 안 한 것이든 해리는 상관하지 않는다는 점에 주목하라. 그는 상대방이 자신을 얕잡아본다고 생각하기 때문에 주로 공격적인 태도를 보이는 것이다. 며칠 전 해리는 수잔이 '집에 오는 길에 아기 기저귀 사오는 것 잊지 마라'고 한 말에 발끈해서는 "아침에 하겠다고 했어, 안 했어? 내가 바보인 줄 알아? 틈만 나면 무시하려고만 들고 말이야"라고 쏘아붙였다. 해리는 장장 10분 동안 수잔이 자신을 얼마나 무시하는지에 대해 늘어놓았다. 그는 너무 화가 나서 가게를 곧장 지나쳐 빈손으로 집에 들어갔다.

수치심에서 비롯된 분노

해리에게는 수치심에서 비롯된 분노가 있다. 그는 부끄러운 마음이 들면 바로 화부터 낸다. 그는 수치스러워하는 것보다 화를 내는 게 편하기 때문에 수치심을 분노로 바꾼다. 해리는 자신의 괴로움을 다른 사람들을 기분 나쁘게 만드는 쪽으로 전가하는 것이다. 부끄러운 마음과 책망하는 마음의 교환이라고 할 수 있다. 그는 다른 사람에게 수치심을 주어 자신의 수치심을 못 느끼게 만든다. 즉, 부끄러운 마음과 책망하는 마음을 놓고 게임을 펼치는 것이다.

수치심에서 비롯된 분노는 위험할 수 있으며 때로는 치명적이기까지 하다. 자신이 모욕을 당했다는 생각 때문에 수많은 살인사건이 일어났다. 이러한 사건들은 흔히 살인자들이 가장 아끼고 사랑하는 이들의 집에서 생기곤 한다. 무슨 이유에선가 부인이 남편을 창피하게 만드는 말(혹은 그 반대의 경우)을 하고 그로부터 얼마 후 살인사건이 일어난다.

그러나 수치심에서 비롯된 분노는 살인보다 사람에게 상처와 감정적 탈진 상태를 남기고 가는 경우가 더 많다. 많은 경우 공격의 대상이 된 사람도 큰 혼란에 빠진다.

"뭐가 어떻게 된 거지?"

"왜 그런 끔찍하고 나쁜 말을 나에게 하는 거야?"

"대수롭지 않은 질문이었는데 왜 그렇게 기분 나빠 하는 거야?"

"내가 어떤 말을 해야 네가 비난으로 받아들이지 않을까?"

그리고 공격한 사람을 가장 괴롭히는 질문인 "너 이상 있는 거 아니야?"라는 물음까지 뱉고 만다.

수치심이 분노로 바뀌는 순간 어딘가에 이상이 있다는 것은 확실하다. 그러한 변화가 어떻게 일어나는지 알기 위해서는 반드시 수치심에 대한 이해가 선행되어야 한다.

수치심

수치심은 감정인 동시에 확신이다. 그것은 불쾌한 감정이다. 사람들은 흔히 수치심에 대해 이야기할 때 얼굴이 빨개지는 게 느껴진다거나, 숨고 싶지만 몸이 꿈쩍도 않는다거나, 다른 사람과 눈을 못 맞추겠다거나, 몸에서 힘이 죽 빠지면서 나약하고 무력한 느낌이 들었다고 말한다. 혹은 사람들의 갖은 비난과 감시의 눈길 앞에 그대로 노출된 기분이 들면서 아무 쓸모없는 존재가 된 것 같은 기분에 빠진다고 한다. 이러한 감정을 견디기란 무척 어렵다. 그래서 사람들은 이러한 감정을 떨치기 위한 방법을 찾는데, 수치심을 분노로 바꾸는 것이 그 하나이다.

수치심을 따라다니는 확신은, 자신은 어딘가 결함이 있는 존재라는 것이다. 결함투성이에, 망가져버린 쓸모없는 존재라는 확신. 자신은 추악하고 아무 가치 없는 존재이며 실패작이라는 생각. 수치심이 깊으면 깊을수록 이 상처를 치유하기도 무척 어려워진다. 그러다 결국 깊은 수치심을 가진 사람들은 다음과 같은 생각을 믿게 된다.

- 나는 쓸모없는 존재다.
- 나는 언제나 부족한 존재다.
- 나는 사랑받을 수 없는 존재다.
- 나는 외톨이다.
- 나는 죽어 마땅하다.

이러한 생각은 심각한 상처를 남긴다. 자신에 대해 이러한 생각을 갖고 있는 사람들은 항상 괴롭다. 그들은 자신을 완벽한 패배자라고 생각한다.

수치심은 사람의 행동에도 영향을 미친다. 수치심이 깊은 사람은 다른 사람을 일부러 피하기도 하는데 이는 자신의 결함이 분명 다른 사람들의 눈에 띌 거라는 두려움 때문이다. 같은 이유로 자신에 대해 이야기하는 것도 꺼린다. 또는 해리처럼 무척 민감한 태도를 보이기도 하는데, 행동을 종잡을 수 없기 때문에 이러한 반응을 보이는 사람과 함께 살기란 무척 어려운 일이다.

수치심에는 영적인 측면도 있다. 깊은 수치심을 가진 사람들은 자신이 영적으로 축복받지 못한 존재라는 생각을 품는다. 그들은 자신이 사랑받거나 존경받을 가치가 없으며, 신의 실수에 의해 만들어진 존재라고 생각한다. 그렇기 때문에 그들은 자주 공허함을 느낀다.

수치심은 숨고 싶게 만든다

사람은 본능적으로 수치심을 느끼면 숨거나 달아나고 싶어 한다. 누구도 자신의 부족한 측면을 알아채지 못하도록 사라지고 싶은 심산인 것이다. 숨고 싶은 본능은 수치심을 느끼는 사람에게 안정감을 준다. 그러나 부끄러움을 안고 어느 상황에서 도망친 데에는 대가가 따른다. 즉, 자신은 나약하고 부족하기 그지없는 사람이라는 감정까지 안고 가야 한다는 것이다. 도망친다고 인간관계의 문제가 해결되는 것은 아니므로 상황이 더 심각해질 수도 있다.

또한 수치심에 대한 연구에 따르면, 깊은 수치심을 가진 사람들은 의사소통 능력이 떨어진다고 한다. 깊은 수치심은 분명 끔찍한 감정이다. 하지만 자꾸 피하기만 한다면 수치심을 극복하는 법을 배울 수 없다. 수치심에서 도망치면 도망칠수록 자신에게 더욱 실망하게 된다. 왜냐하면 도망치는 것 자체가 부끄럽게도 나약함의 표시이기 때문이다.

자신이 싫어지면 싫어질수록 자신에게 수치심을 줄 수 있는 것들을 더욱 더 피하려 한다. 그러한 행동들은 수치심에 대해 더욱 민감하게 반응하도록 하고, 그 결과 점점 더 작은 일에 대해 더 큰 수치심을 느끼게 한다. 결국 아주 작은 사건에도 어마어마한 크기의 수치심을 느끼는 상황에 이르는 것이다.

해리도 이렇게 해서 현재에 이르렀다. 그는 수치심에 대해 지나치게 민감해져서 고객이 던진 순수한 질문조차 오해하게 되었다. "오늘 언제쯤 일을 마칠 건가요?"라는 질문이 해리에게는 "해리, 내가 자네가 부리는 수작을 모를 줄 알았나? 일부러 시간 끄는 거지? 참으로 형편없는 인간이군. 부끄러운 줄 알게"라는 말로 들린 것이다.

그런데 수치심 때문에 도망친 거면서 왜 자신의 고객을 욕하고 공격했을까?

수치심에서 분노까지

수치심은 항상 불쾌감을 준다. 미리 마음의 준비를 해서 상처를 최소화해도 시원찮을 판에 해리는 무방비 상태로 당했다. 하루를 마칠 준비를 하고 있던 해리는 급작스럽게도 아무 이유 없이 공격을 당한 기분이다. 그는 즉각 수치심을 느꼈다. 참기 힘들 정도의 엄청난 수치심, 자신의 존재의식을 좀먹는 '나는 결함투성이의 인간'이라는 생각……. 해리가 견디기에는 버거운 감정들이었다. 그는 최대한 빨리 수치심에서 벗어나고 싶었다.

자신이 갖기 싫은 것을 완전히 없앨 수 있는 좋은 방법이 하나 있다. 다른 사람에게 줘버리면 간단하다. 마음껏 가지고 놀다 "난 이제 필요 없어, 너 가져"라고 하면 끝이다. 해리는 바로 이 같은 행동을 하고 공사장을 떠난 것이다. 마치 갖기 싫은 크리스마스 선물을 그것을 준 사람에게 되돌려주듯이 해리는 수치심을 그것을 준 사람에게 돌려주려 한 것이다.

해리는 상대방에게 모욕을 줌으로써 자리를 떠나기 전에 조금이라도 수치심을 덜어보려 했다. 너무나 고통스러운 감정이기 때문에 갖고 있을 수 없었다. 공격당했다는 생각이 그를 공격자로 만든 것이다.

표면적으로는 해리가 단순한 수치심 – 분노 반응을 보인 것으로 볼 수도 있다. 하지만 문제가 그렇게 간단하지만은 않다. 사실, 수치심 – 분노 반응에는 마술이 숨어 있다. 하나는 정신적 마술이고 다른 하나는 감정적 마술이다. 손이 아니라 생각이 빚어내는 마술이다.

　해리에게 그의 고객이 오늘 언제쯤 일을 마칠 거냐고 물었을 때 어떤 기분이 들었는지를 물어보라. 그는 아마 "제 기분이 어땠냐고요? 무진장 짜증이 났죠. 너무, 너무 화가 났어요"라고 말할 것이다.

　해리의 말에서 무엇이 빠졌을까? 해리는 수치심에 대한 이야기를 전혀 언급하지 않았다. 이것은 그가 수치심을 너무나 빨리 분노로 전환시켜서 자신의 수치심을 본인조차 의식하지 못했기 때문이다. 그의 몸은 분명 수치심을 느꼈다. 그래서 그토록 세게 발끈한 것이다. 하지만 해리 자신은 즉각적으로 밀려오는 화만 느낄 뿐이다. 그는 수치심을 의식 밖으로 밀어낸 후 그 자리를 분노로 채웠다.

　해리는 최선을 다해 수치심을 피한다. 해리는 집에 가는 내내 자신을 합리화하기에 바쁘다. 그의 고객은 꼴불견이었고 한바탕 욕을 해주길 잘했다고 스스로 생각한다. 그는 자신이 느끼는 감정을 절대 '수치심'이라는 말로 표현하지 않는다. 찝찝하고, 피곤하고, 상처받기 쉬운 마음이라고 표현한다. 그런 상황이니 부인이 입을 떼기만 해도 공격당했다고 생각을 한 것이다.

또 수치심이 밀려온다! 이제 해리는 부인과 아이들까지 공격한다. 그는 두려워서 차마 정식 이름으로도 못 부르는 끔찍한 감정에 의해 휘둘리고 있다. 그는 수치심으로 가득하다.

수치심으로 인한 분노가 보내는 메시지는 강력하다.

"넌 날 창피주고 있어. 네가 하는 말 때문에 나약하고 무기력한 느낌이 들어. 난 너 때문에 망신당했어. 날 파괴하려는 거지? 당하고만 있지 않겠어. 내가 널 먼저 공격할 거야. 너에게 수치심을 주겠어. 수치심이 나를 죽이기 전에 너에게 억지로라도 주겠어. 네가 나보다 더 약하다는 생각을 갖게 말이야. 그러기 위해서는 널 부서버려야 할지도 몰라."

수치심에서 비롯된 분노에
당신은 얼마나 약한가?

수치심에서 비롯된 분노는 무섭고 위험한 것이다. 만일 수치심에서 비롯된 분노가 있다면 스스로 꼭 인식하고 있어야 한다. 그렇지 않고서는 이 분노를 막을 수 없다. 다음 질문을 자신에게 해보라.

- 비판에 약하다는 소리를 자주 듣는가?
- 사람들에게 자신이 한 말에 왜 기분 나빠 하는지 이해할 수 없다는 말을 자주 듣는가?
- 사람들이 무례하게 군다는 생각이 들면 분노가 치미는가?
- 자신의 평판 혹은 명성을 강경하게 지키려 하는가?
- 누군가 자신의 잘못을 지적했을 때처럼 창피를 당하면 화가 많이 나는가?
- 사람들이 자신에 대해 혹평을 했다는 생각이 들면 계속 그것을 마음에 담아두는가?
- 사람들이 자신을 무시한다는 생각이 들면 화가 나는가?
- 자신이 수치심을 화나 분노로 바꾸고 있음을 인지하는가?

위의 질문에 '예'라고 답한 게 많으면 많을수록 수치심에서 비롯된 분노와 관련된 문제가 발생할 확률이 높다. 이번 장은 수치심에서 비롯된 분노를 예방하고 다스리는 법을 설명하겠다.

수치심에서 비롯된 분노를 예방하는 방법

수치심에서 비롯된 분노가 있다면 길들여지지 않은 괴물을 머릿속에 두고 사는 것과 마찬가지이다. 이 괴물은 위험하며 특히 불시에 공격할 때에 더욱 그렇다. 살인을 저지를 만큼 강력하고 예측불허라 무엇이 어떻게 분노를 촉발시킬지 제대로 파악할 수 없다. 수치심 – 분노 괴물이 계속해서 먹잇감을 쫓아다니게 놔둬서는 안 된다. 자신의 삶에 대한 통제권을 되찾으려면 분노를 우리에 가둔 다음 그것을 길들여야만 한다.

다행히 여기 수치심에서 비롯된 분노를 길들일 수 있는 아홉 단계가 있다.

1단계 : 지금 이 자리에서 수치심에서 비롯된 분노를 통제하겠다는 굳은 약속을 하라.

해리는 질렸다. 알코올의존자 자주치료협회에서 매번 하는 말처럼 해리는 지긋지긋한 기분을 느끼는 것 자체가 지긋지긋하다. 그는 자신의 욱하는 성질 때문에 자신이 싫어졌다. "도끼로 제 발 찍기지요" 라고 그는 말한다. 그의 말이 옳다. 해리의 욱하는 성질이 그의 결혼 생활, 경력 그리고 아이들과의 관계 같은 소중한 것들을 망가뜨리고 있다.

욱하는 성질이 있는 사람들이 흔히 그러하듯 해리도 발작처럼 밀려오는 강력한 분노는 통제할 수 없다는 착각에 간절히 매달렸다. 여태까지 해리는 사건이 일어난 후 미안하다는 말만 되풀이했다.

"정말 미안해. 내가 왜 그렇게 고함을 질렀는지 모르겠어. 내가 아까 한 말이 진심은 아니었던 거 알지?"

이런 말들도 여러 번 들으면 식상해진다. 거기에다가 해리는 자신을 더욱 미워할 수밖에 없는 행동만 반복하고 있는데 어떻게 수치심을 치료할 수 있겠는가?

이제 해리는 변화를 위해 노력하겠다고 굳게 약속할 준비가 되었다. 우선 해리는 자신에게 더 엄격해질 필요가 있다. 이 말은 욱하고 성질을 낸 것에 대해 합리화를 시키지 않는다는 의미이다. "일진이 나빠서" 혹은 "그 여자가 정말 기분 나쁘게 말하더라니까"와 같은 핑계는 그만. "어쩔 수 없었어" 혹은 "그렇게 하면 안 된다는 거 알아, 하지만……" 같은 자기 합리화도 그만. 그리고 무엇보다 "이제 분노를 그만 터뜨리도록 노력해볼게"라는 말은 그만하라. 노력만으로는 부족하다. 해리는 매번 수치심에서 비롯된 분노가 터지려 할 때마다 그것을 막도록 전념해야 한다.

물론, 욱하는 성질을 버리려면 자신과 약속을 하는 정도로는 불충분하다. 그래서 다른 부차적인 단계에 대한 설명을 아래에 언급한 것이다. 하지만 수치심에서 비롯된 분노와 맞서기 위해서는 욱해서 성질을 터뜨리지 않겠다는 굳은 맹세가 반드시 필요하다.

그런데 해리가 자신과의 약속을 지키지 못한다면 어떻게 될까? 또다시 분노를 터뜨리면 어떻게 될까? 그랬을 경우, 해리는 사건의 경위를 파악하기 위해 힘닿는 데까지 최선을 다해야 한다. 자신이 상처를 준 사람들에게는 이를 만회하기 위해 노력하고, 자신의 분노로부터 자유로워지는 날까지, 자신의 생각과 말 그리고 행동을 바꾸기 위해 계속해서 노력해야 한다.

자신의 수치심에서 비롯된 분노에서 벗어날 수 있게, 약속을 할 수 있는 공간을 마련하였다. 빈칸에 자신의 이름을 써넣어라.

나 _____는/은 오늘부터 욱하는 성질을 버리겠다. 구체적으로 말하자면 다른 사람들, 특히 내가 사랑하는 사람들에게 욱해서 화를 내지 않도록 하겠다. 만일 다른 사람이 한 말이나 행동으로 인해 개인적인 수치심을 느꼈다면 공격하고 싶은 마음을 억누를 수 있을 때까지 뒤로 한발 물러나 떨어져 있겠다. 내가 다른 사람을 창피 주거나 탓하거나 업신여긴 것을 합리화하지 않겠다.

당신에게는 이 약속이 얼마나 중요한가? 당신도 오늘 이 맹세를 해야 하는가?

2단계 : 수치심이 분노로 변하는 경로를 역추적하여 그 시발점,
즉 자신이 경험한 수치스러운 생각과 감정에 도달해보라.

수치심에서 비롯된 분노는 주로 다른 사람의 말이나 행동 때문에 발생한다. 하지만 사실 그렇게 간단한 문제만은 아니다. 수치심 – 분노 반응을 촉발시키는 진짜 원인은 머릿속에서 벌어지는 여러 생각이다. 즉, 자신의 욱하는 성질에 대해 모든 것을 알고 싶다면 자신의 생각과 감정에 대해 더 많이 알아야 한다. 그러기 위해서는 일시적으로 길을 잃어 자신이 남긴 흔적을 되짚어 야영지를 찾아가는 탐험가처럼 되어야 한다.

수치심에서 비롯된 분노가 폭발한 자신의 모습을 제삼자의 눈으로

바라본다고 상상해보라. 어떤 모습을 볼 수 있을까? 자신의 생각을 마치 다른 사람의 머릿속에서 나오는 생각인 것처럼 들을 수 있다면 어떨까? 그때 어떤 말이 들릴 것 같은가? 수치심에서 비롯된 분노를 멈추려면 자신을 객관적인 눈으로 볼 수 있어야 한다. 무엇보다 자신이 욱하고 성질을 터뜨리기 직전에 머릿속에서 일어나는 생각과 느낌을 정확하게 알아야만 한다.

엄청난 수치심을 느끼고 있는 상태에서 자신의 내면을 들여다보기란 어려운 일이다. 자기 자신이 싫었던 때를 떠올리고 싶은 사람이 누가 있겠는가? 차라리 자신을 불쾌하게 만든 상대를 탓하며 그에게 집중하고 싶은 충동이 클 것이다. 그러나 지금 다른 사람에 대해 신경 쓸 때가 아니다. 자신에게 집중해야 한다.

하지만 수치심 – 분노 경로를 되짚어갈 때는 가장 바깥부터 시작하는 게 쉽다. 이를 통해 무엇이 자신의 수치심에서 비롯된 분노를 촉발시키는지를 살펴볼 수 있기 때문이다. 수치심 때문에 분노를 잘 터뜨리는 편이라면 다른 사람들이 하는 말이나 암시 중에 무척 거슬리는 특정한 말이나 행동들이 있을 것이다. 그러한 것들의 예를 몇 가지 들어보겠다.

"그녀가 나보고 이기적이래."

"그는 내가 멍청하다고 생각해."

"그가 나더러 게으르대."

"그들이 나를 완전히 무시했어."

"그녀는 나를 얼간이 취급해."

예로 든 문장들이 전부 일반화되어 있다는 점에 주목하자. 즉, 이 말들은 특정한 행동에 대한 것이 아닌 한 사람을 규정짓는 말이다. 사람의 성격에 대한 부정적인 말들이다. 이러한 규정들이 사실이라면 그 사람의 성격을 쉽게 바꾸지는 못할 것이다. 이 말들은 존재감을 뿌리부터 흔들어놓는다. 이러한 규정들은 당신이 잘못된 사람이라는, 커다란 결함을 가진 사람이라는 의미를 내포하고 있다. 무척 수치스러운 말들이기에 그토록 상처가 되는 것이다.

어떤 사람들은 고의로 이런 말이나 행동을 하기도 한다. 그들이 의도적으로 당신에게 수치심을 안겨주려 할 수도 있다. 그럴 때는 이들에게 정당한 대우를 해줄 것을 요구하라.

하지만 절대 누군가 자신을 놀렸다는 사실 하나 때문에 분노를 터뜨리는 법은 없다. 그 비난을 적어도 일부나마 수긍하는 목소리가 마음속에 있을 때 폭발하는 것이다. 마음속에서 들려오는 자기 자신의 목소리, '그래, 당신 말이 옳아. 난 정말 멍청해'가 곧 자신이 느낀 수치심이다. 그것은 자신의 모든 불완전한 측면 하나하나를 끊임없이 상기시켜준다.

수치심에서 비롯된 분노를 촉발시키는 것이 외적인 요인이 아니라 내적인 요인임을 보여주는 증거를 예로 들겠다. 누군가 당신을 수치스럽게 만들었다고, 앞서 예로 들었던 것처럼 당신을 규정짓는 말을 했다고 가정해보자. 아마 이 같은 상황이라면 창피하기도 하고 상대방에게 화가 나기도 할 것이다. 그런데 실제로 당신을 모욕한 사람은 아무도 없다.

다시 한 번 말하지만, 머릿속으로 어떤 생각을 하는지가 중요하다. 게다가, 수치심을 줄 의도가 아니었는데도 그렇게 받아들이는 경우가 있다. 예를 들어, 해리는 고객이 고의로 자신을 무시한 것이라 믿었다. 하지만 해리가 잘못 생각한 것이다. 그를 공격한 진짜 범인은 자기 자신의 수치심이었다. 그것 때문에 해리는 고객의 질문을 공격으로 오해한 것이다.

수치심이 분노로 바뀌는 경로를 되짚다 보면 다른 사람이 한 말이나 행동에서 자신이 경험한 수치심 가득한 생각에 도달하게 된다. 이러한 생각은 '난 망가진 인간이야', '난 비참한 인간이야', '난 아무 짝에도 쓸모없어', '난 타락한 인간이야', '난 나약해', '난 환영받지 못하는 존재야', '난 아무것도 아니야'와 같은 형태로 나타난다. 하지만 여기서 멈추지 않고 계속 되짚어가다 보면 수치심의 핵심이 되는 문장 다섯 가지에 도달하게 된다.

'난 쓸모없는 존재다.'

'나는 언제나 부족한 존재다.'

'난 사랑받을 수 없는 존재다.'

'나는 외톨이다.'

'나는 죽어 마땅하다.'

여기가 길이 끝나는 곳이다. 모든 수치심 – 분노 현상은 여기서부터 시작된다.

3단계 : 자신이 분노를 통해 어떻게 일시적으로 수치심에서 벗어나는지를 살펴보라.

수치심에서 분노로 가는 길은 평화와는 거리가 멀다. 오히려 큰 싸움이 벌어지고 있는 상태이다. 한쪽에서는 '넌 쓸모없고, 가치 없는 뚱뚱하고 멍청한 무식쟁이에 아무리 노력해도 항상 부족해. 넌 하느님의 실수야'라고 소리친다. 그것이 당신의 수치심이다.

다른 한쪽은 귀를 막고 발을 구르며 '난 쓸모 있어, 바보도 아니야. 난 뚱뚱하지도 않고 무식쟁이도 아니야. 난 충분히 괜찮은 사람이지 실패작이 아니야'라고 소리친다. 그쪽이 당신의 분노이다.

당신의 분노는 아주 절박한 마음으로 수치심이 사라지기를 바란다. 결국 욱하는 성질이 프로레슬링 챔피언처럼 수치심을 움켜쥔 다음 뱅글뱅글 돌려서 링 밖으로, 당신의 머리 밖으로 던져버린다.

그렇다면 밖으로 던져버린 수치심은 어디에 떨어질까? 바로 다른 사람 차지가 된다. 당신의 뇌는 '그럼 그렇지, 난 이미 알고 있었지. 창피해할 사람은 내가 아니라 저 남자, 저 여자, 저들이야!'라고 외친다. 이제 자신의 수치심 때문에 자신에게 퍼붓던 끔찍한 말을 다른 사람에게 할 수 있는 것이다. 못생기고, 바보 같고, 가치 없고, 나쁜 사람들은 그들이다. 이러나저러나 자기 자신을 공격하는 것과 다름없음을 인식하지 못한 채 다른 사람을 공격한다.

잠시 동안은 통하는 것 같을 것이다. 나약하고 무력한 것은 자신이 아니라 다른 사람들이라는 기분, 자신은 강인하고 힘이 넘치며 통제력을 갖춘 사람이라는 기분이 들 것이다.

하지만 이것이 함정이다. 수치심은 꾀가 많은 녀석이다. 다시 야영 장에 슬그머니 들어가는 방법을 알고 있다. 언제 다시 그 길에 나타날 지 모른다. 그러면 또 다시 한바탕 싸움이 일어날 것이고 비슷한 결과 가 벌어질 것이다. 무척 지치는 일이다. 그러는 동안 해리처럼 직장에 서 해고되거나 식구들을 잃을 위기에 처하게 된다.

4단계 : 수치심-분노의 연결 관계를 끊기 위해 수치심을 되찾아 라.

수치심과 분노의 연결 고리를 끊기 위한 방법은 오직 한 가지뿐이 다. 쉽지 않겠다. 자기 성격의 자기 공격적인 측면, 즉 자신이 수치스 럽다고 하는 말을 들어주는 수밖에 없다. 다른 대안은 없다. 자신의 내 면에 자리하고 있는 수치심과 대면하거나 수치심에서 비롯된 분노를 터뜨릴 위험을 계속 안고 살아야 한다.

그렇다고 잃어버린 형님을 찾았을 때마냥 자신의 수치심을 반갑게 끌어안으라는 말은 아니다. 자신을 힘들게 하는 감정을 포용하려 애 쓸 필요는 없다. 그저 받아들여라. 그것이 어떤 말을 하고 싶어 하는지 들어라. 어차피 자신의 내면에 자리한 수치심은 오랫동안 자기 인생 의 일부를 차지하였던 것이다. 달라진 점이 있다면 이제는 그것에게 관심을 줄 준비가 되어 있다는 것뿐이다.

수치심은 충분히 직시할 수 있으며, 직시했다고 해서 못 이겨낼 것 도 없다. 아직까지 수치심과 대면하다 죽었다는 사람 이야기는 못 들 어봤다.

내가 이 점을 이토록 강조하는 이유는 무엇일까? 그것은 깊은 수치심이 주는 위압감이 워낙 크기 때문이다. 때로는 너무 강해서 도저히 못 이겨낼 것 같아 보일 수도 있다. 바로 그것이 수치심의 진정한 위력인 것이다.

마음 한구석에 이 끔찍하고도 수치스러운 감정을 품고 인생을 살 수는 없을 것 같다는 생각이 들 때 사람들은 수치심을 욱하는 분노로 변환시킨다. 어떻게 보면 수치심 그 자체보다 수치심에 대한 두려움이 분노를 일으킨다고 볼 수 있다. 일단 수치심을 견딜 수 있음을 깨닫고 나면 그것을 한결 잘 다룰 수 있으며 무엇보다 수치심을 의식의 통제 아래에 둘 수 있게 된다.

쉽게 말해 화가 정말 많이 나기 시작하면 언제나 자신에게 이 질문을 던져보라.

"잠깐, 내가 지금 창피해서 화를 내는 건 아닐까?"

그리고 이 질문에 대해 곰곰이 생각해보라. 천천히 그리고 조심스럽게 수치심을 추적하여 앞에 언급한 다섯 가지 핵심 문장으로 되짚어가라. 하지만 이것 하나만은 꼭 기억하길 바란다. 자신의 일부가 스스로를 수치스럽게 여긴다고 해서 그게 꼭 진실은 아니다.

5단계 : 수치심을 나타내는 핵심 문장 다섯 가지가 가지는 타당성에 도전하라.

지금까지는 수치스러운 감정들이 어떻게 분노로 변하는지 자세히 살펴보았다. 지금까지 살펴본 것도 중요하지만 수치심에서 비롯된 분노를 멈추는 데 더 중요한 것이 아직 남아 있다. 의식적으로 자신의 수치심과 대면하는 일이다. 이제 자신이 갖고 있는 창피스럽고 부정적인 생각들에 도전장을 던질 시간이다. 그러한 생각들을 치유가 되는 생각들로 바꿔야 한다.

각 핵심 문장은 수치심 – 분노를 촉발하지 않는 건강한 메시지를 담은 문장으로 바꾸어야 한다. 이를 위한 가장 좋은 방법은 각 핵심 문장 다섯 가지를 전혀 반대되는 의미를 가진 문장으로 바꾸는 것이다. 다음과 같은 상상을 해보라.

- '나는 쓸모없는 존재다'를 '나는 필요한 존재다'로
- '나는 언제나 부족한 존재다'를 '나는 충분하다'로
- '나는 사랑받을 수 없는 존재다'를 '나는 사랑받고 있으며 사랑스러운 사람이다'로
- '나는 외톨이다'를 '나는 속해 있다'로
- '나는 죽어 마땅하다'를 '나는 존재한다'로

지금 이 자리에서 긍정적인 메시지를 담은 다섯 문장을 천천히 소리 내어 여러 번 읽어보기를 권한다. 긍정적인 문장 가운데 정말 진실이다,라는 생각이 드는 문장은 무엇인가? 완전한 진실이라고 하기에 어려운 문장은 무엇인가? 완전히 거짓처럼 느껴지는 문장은 무엇인가? 진실이라고 확신하기 어려운 문장들을 중심으로 그것을 납득할 수 있을 때까지 집중적으로 떠올려라.

다음으로 자신이 바꿔야 할 다른 생각들을 떠올려야 한다. 예를 들어, '나는 못생겼다'는 생각은 '나는 아름답다'라는 생각으로 바꾸어야 한다. 만일 현 단계에서 '나는 아름답다'라고 생각하기가 어렵다면 '나는 괜찮은 편이다' 혹은 '나는 꽤 매력적이다' 혹은 '나는 나다' 정도부터 시작하면 좋다.

자신에게 진정 도움과 치유를 주는 문장 몇 개를 찾을 때까지 수많은 치유 문장을 시험해봐야 할 것이다. 정말 효과가 있는 몇 가지를 골랐으면 매일같이 그것을 자신에게 반복하여 뇌가 긍정적인 자애심에 익숙해지도록 한다.

하지만 자신의 수치스러운 생각에 도전하기란 쉽지 않은 일이다. 내가 아는 한 '난 쓸모없는 존재다'에서 한순간에 '난 필요한 존재다'로 변한 사람은 없었다. 어떤 날은 자신이 좋다가도, 또 어떤 날은 자기혐오로 가득하다. 이 방법은 시작은 간단하지만 완성에 이르기까지는 평생이 걸릴 수도 있다. 자기 수용과 자기 가치를 찾기 위해 새로운 길을 가는 동안 자신을 따뜻하게 대해야 한다.

어떻게 해야 그곳에 도착할 수 있을까? 인내심을 가지고 침착하게 그리고 긍정적으로 하면 된다. 일단 새로운 길을 간다는 그 자체만으로도 자신에 대해 한결 좋은 느낌을 가질 수 있다. 그 길을 가는 것 자체가 치유이기 때문이다. 아래에 자기 수치심은 낮추고 자기만족은 높일 수 있는 질문 몇 가지를 준비했다.

• 자신이 근본적으로 좋은 사람임을 믿는 데 도움이 되던 기존의 생각

이 있었다면 무엇인가?

- 이 같은 방식으로 사고할 수 있게 도움이 될 수 있는 새로운 생각이 있다면 무엇인가?
- 세상에 기여하고 있다는 느낌을 갖기 위해 자신이 하는 게 있다면 무엇인가?
- 자신을 항상 존중해주고, 칭찬하거나 인정해주는 사람이 있다면 누구인가?
- 자신에게 얼마나 친절하고 관용적이며 너그러운 편인가?
- 어떻게 해야 자신에게 더 친절하고 관용적이며 너그러워질 수 있겠는가?

6단계 : 항상 다른 사람을 존중하고 예를 다해 대하라.

수치심에서 비롯된 분노가 있는 사람이라면 다른 사람이 자신을 대하는 방식에 대해서만 집중적으로 생각하기 쉽다.

'그 남자가 나를 존중하는가? 그 여자가 나를 깎아내리는 것은 아닌가? 그들이 나를 무시하는 건 아닌가?'

그들은 이러한 방향으로 편집증적인 집착을 보일 수 있으며, 자신이 무시당했다는 꼬투리를 잡기 위해 아주 작은 구실이라도 찾으려 한다. 하지만 시간을 이보다 훨씬 더 유용하게 쓸 수 있다. 다른 사람을 존중하는 데 쓰는 것이다. 간단히 말해, 자신이 정말 받고 싶은 선물을 다른 사람에게 주는 것이다. 이 같은 관대한 행위는 궁극적으로 자신에게 큰 도움이 된다.

첫째, 자신의 걱정거리와 신념에 대해 고민하는 시간을 줄일 수 있다. 둘째, 자신이 상대방을 존중하면 상대방도 자신을 존중 어린 태도로 대할 확률이 높다. 상대방에게 창피를 주지 않으면 상대방도 창피를 주지 않을 것이다. 셋째, 자신이 예의바른 남성 혹은 여성 같은 태도를 취하면 스스로 만족스러운 기분이 들 것이다.

이제 더 구체적으로 살펴보겠다. 다른 사람을 어떻게 존중 어린 태도로 대할 수 있는지 그 예를 보도록 하자.

다른 사람들이 어떤 말이나 행동을 하든 간에 모두를 존중하는 하루를 보내겠다는 굳은 맹세로 시작한다. 이 다짐은 자신의 행동을 다른 사람이 아닌 자신이 책임지게 한다.

자신이 아는 모든 사람의 내면에 있는 선한 기운을 찾아보라. 다른 사람에 대한 존중은 그 사람을 한 인간으로 인정하는 바탕이 있을 때에만 가능한 것이다. 모든 사람이 얼마나 독특하고, 가치 있고, 존경스러운지에 대해 생각해보는 시간을 가져라. 이렇게 한다는 것은 곧 자신의 존재를 확인받고 싶어 하는 다른 사람의 마음들에 대해 '그래요, 당신은 존재합니다. 정말 기쁜 일이에요'라고 반응하는 것과 같다. 다른 사람의 존재를 축복하는 행위이다.

다른 사람들, 특히 가까운 사람들에게 당신은 충분히 좋은 사람이며 사랑받고 있다고 꼭 이야기해줘라. 그들을 위한 자리가(이 가족 안에도, 우주 안에도, 당신의 마음 안에도) 있다는 것을 느낄 수 있게 해주어라. 말이 목에 걸려서 안 나오더란 말은 하지 마라. 이런 말들은 혼자 생각하고 있을 때보다 소리 내어 말했을 때 훨씬 더 좋은 영향을 미친다.

다른 사람들을 공손히 대할 수 있도록 5A 방법을 이용하라. A는 '존중'에 대해 고민해볼 수 있게 도와준다. A로 시작하는 단어 중 못해도 네 개는 다른 사람을 공손히 대할 수 있는 방법을 알려준다.

정성(Attend)	네 이야기를 진지하게 듣기 위한 시간을 마련할게. 너에게만 전적으로 집중할게.
감사(Appreciate)	네가 하는 일도, 그리고 일을 하는 방식도 다 좋아.
수용(Accept)	변하려고 할 것 없어. 넌 지금도 충분히 괜찮은 걸.
존경(Admire)	너에게 배워야겠다. 넌 기품 있고 솜씨 있게 일을 처리해.
지지(Affirm)	네가 내 인생의 일부라 행복해. 네가 존재한다는 것에 감사해.

이 다섯 단어는 다른 사람들을 더욱 공손하게 대할 수 있게 도와주며 간단한 체크 목록으로도 쓸 수도 있다.

- 오늘 사람들에게 충분히 집중을 하였는가?
- 사람들에게 충분히 고마움을 표시하였는가?
- 수용적인 태도를 취했는가?
- 다른 사람에게 새로운 것을 배울 수 있게 열린 마음을 가졌는가?
- 사람들을 지지하는 태도를 보였는가?

머릿속으로 확인해보길 바란다.

7단계 : 비판보다 칭찬을 하라.

해리는 수치심에서 비롯된 분노를 겪고 있을 때 어떤 반응을 보였는가? 자신의 고객과 부인과 아이들을 무척 비판적으로 대했다. 이것은 흔히 나타나는 반응이다. 다른 사람들에게 수치심을 주는 사람들이 가장 빈번하게 사용하는 도구는 비판하기이다. 너무 자주 사용하다 못해 다른 사람을 혹평하는 게 습관으로 굳어져 있다. 찾으려고 하면 나쁜 점이 전혀 없는 사람이 어디 있겠는가. 문제는 그러한 태도가 결국 분노를 부른다는 데 있다.

다른 사람의 나쁜 모습만 눈에 들어오니 자신에게 나쁜 짓을 할 거라고 믿게 될 수밖에 없다. 하지만 다행히도 남을 비난하는 습관에서 벗어날 방법이 있다. 비판보다는 칭찬을, 다른 사람의 단점을 찾기보다는 장점을 찾는 것이다. 칭찬은 여러 측면에서 비판과 정반대되는 성격을 갖고 있다. 사람은 비판을 받거나 망신을 당하면 위축되고 약해지는 반면, 칭찬을 받으면 당당하고 강해진다.

수치심에서 비롯된 분노가 있는 사람에게 칭찬은 선행 혹은 너그러운 행위 이상의 의미를 갖는다. 칭찬은 분노가 더 커지지 않게 막아준다. 수치심 때문에 분노를 일으킨 사람은 자신의 수치심을 다른 사람에게 주고 싶어 한다는 것을 기억하라. 다른 사람을 끊임없이 비판하는 것은 자신의 진짜 목적, 즉 자신을 더욱 잘 수용하거나 존중하고 싶은 마음을 감추기 위한 행위에 불과하다. 수치심 때문에 분노가 치민 사람이 보내는 메시지는 '내가 착하고 네가 나쁜 거야' 처럼 보이지만 사실 '그래, 내가 나빠. 하지만 인정하고 싶지 않단 말이야'이다.

칭찬의 방법은 다양하다. 우선 상대방의 업적, 노력, 사려 깊은 마음, 창의성, 관용, 외모, 개성, 지성 등을 살펴본 다음 그것에 대해 이야기하라. 단, 칭찬 끝에 "너 오늘 머리 스타일 좋다. 그런데……"의 경우처럼 '하지만'이나 '그런데' 같은 말을 붙이지 않도록 주의하라. 진심으로 받아들여지는 칭찬을 하고 싶다면 비판을 시작하기 위한 서두로 칭찬을 사용하지는 마라.

다른 사람을 칭찬하는 습관을 길러라. 자신을 존중하는 일은 남을 칭찬하기보다 훨씬 어렵기 때문에 이러한 습관을 길러두면 큰 도움이 될 것이다. 수치심에서 비롯된 분노에서 벗어나려면 궁극적으로 자신을 존중해야만 한다.

8단계 : 자신을 존중하는 사람들 속에서 지내라.

수치심에서 비롯된 분노가 있는 사람들 거의 모두는 힘거운 어린 시절을 보낸 경험이 있다. 그들 집안은 알코올, 극심한 빈곤, 정신병, 혹은 기타 질병으로 얼룩진 경우가 많았으며, 부모님이 비판적이고 공격적인 성격이거나 무관심한 경우도 많았다. 이들은 어린 시절에 육체적 혹은 성적 학대를 당한 적이 있거나, 가족 문제가 생겼을 때 문제를 일으킨 원인으로 비난받거나 그에 대한 희생양이 된 경험이 있었다. 즉, 비난과 수치가 정상인 것으로 통용되는 가정환경에서 자란 것이다.

그렇기 때문에 자신을 존중하는 사람들 속에서 지내야 한다. 수치심에서 비롯된 분노가 있는 사람들은 부정적인 사람들 속에서 지내는 위험을 감수해서는 안 된다. 전혀 유익한 환경이 아니다. 게다가 그런 환경 속에서는 욱하는 성질이 훨씬 쉽게 터진다. 실제로 자신을 존중하는 사람에게보다 자신을 깎아내리는 사람에게 욱하고 성질을 내는 게 쉽기 때문이다.

수치심 때문에 욱해서 성질을 내는 사람이라면 자신부터 변하기 위해 애써야 한다. 자기 코가 석자인 판국에 다른 사람들에게 정신 차리라는 소리부터 해서는 안 된다. 하지만, 다른 사람들이 자신을 존중해주길 바라는 것은 정당한 바람이며 무척 중요한 측면이다. 비난 속에서 제대로 성장하는 사람은 없다. 비난과 수치가 짙은 안개처럼 자리 잡은 가정 내에서 수치심에서 비롯된 분노를 막기란 솔직히 매우 어렵다.

모든 단계를 자연스럽게 밟아갔을 때 일어나는 과정을 보자.

'자신의 수치심을 치유하기 위해 최선을 다한다—항상 다른 사람을 존중한다—사람들이 항상 비판적이고 공격적이며 무관심하거나 수치심을 주는 환경이라면 떠날 것을 진지하게 고려해본다.'

자신의 세계 안에 긍정적이고 마음이 따뜻하며 공손한 사람들을 최대한 많이 포함시켜라. 선의를 가진 사람들을 불러 모으는 사람이 되어라. 하지만 그러기 위해서는 자기 스스로 솔선수범해야 된다는 점도 잊지 마라.

9단계 : 수치심에서 비롯된 분노가 자제력을 넘어 예전 상태로 돌아가지 않게 주의하라.

이 모든 단계들의 목표는 단 하나, 수치심 때문에 분노가 터지지 않도록 막는 것이다. 모든 단계를 거치는 데는 시간이 걸린다. 무엇보다도 자신이 인식하는 자기 가치를 높이기 위해 장기간 노력을 기울여야 할 것이다. 수치스러운 자기혐오에서 나는 괜찮다를 거쳐 나는 충분한 사람이다에 도달할 때까지 긴 여정을 거쳐야 한다. 무척 긴 여행이 되겠지만 자기 수용에서 자기애를 향해 한 걸음 다가갈 때마다 욱하는 성질이 터질 가능성이 줄어들 것이다.

하지만 혹시 자신이 잘못된 방향, 즉 분노를 향해 가고 있지는 않은지 항시 경계를 늦추지 말아야 한다. 이를 위해 수치심 – 분노를 예측할 수 있는 징후를 모아 표로 만드는 것도 한 방법이다. 자신이 욱하고 성질을 내기 몇 분 전에 혹은 몇 시간 전에 했던 생각, 느꼈던 감정, 했던 행동 등을 모으는 것이다. 표는 보통 다음과 같은 모양이다.

분노의 징조가 되는 생각 : '그녀는 나에게 고마워하지 않아', '나는 아무짝에 쓸모없는 놈이야', '나보다 잘나지도 않은 게, 잘난 척은', '내 자신이 혐오스러워', '그래봤자 무슨 소용이 있겠어?', '멍청이들', '어디서 행패야?' 등

분노의 징조가 되는 감정 : '온몸이 긴장된다', '점점 화가 나', '이상한 기분이 들어', '욱하는 성질이 폭발하려고 한다', '감정 조절을

못하겠어' 등

분노의 징조가 되는 행동 : '사나워지기 시작한다', '안절부절못하며 왔다 갔다 한다', '언성이 높아진다' 등

분노의 징조가 되는 반응 가운데는 분노가 터지기 수일 전부터 나타나는 것들도 있다. 이러한 조짐들은 보통 막연하거나 일반화되어 있기 때문에 '뭔가 좀 이상한데' 아니면 '어라?'라는 생각이 든다거나, 조금 기분이 처진다거나, 약간 우울하다는 느낌으로 다가온다. 그렇다고 진짜 우울증은 아니다.

실제로 이런 감정이 드는 이유는 수치심이 슬그머니 머릿속에 다시 들어왔기 때문이다. 그래서 마음이 슬퍼지고 약해지는 것이다. 그 상태로 두면 얼마 지나지 않아 다시 자신을 못 견딜 만큼 싫어하게 되고, 결국 수치심을 덜기 위해 분노를 터뜨릴 수밖에 없게 된다.

하지만 분노는 불가피한 것이 아니다. 그리고 자신에 대한 나쁜 감정들을 다루기 위해서는 오랜 시간과 노력이 필요하다. 무엇보다 중요한 것은, 수치심이 인생을 차지하려 들 때 매번 그것에 도전하는 자세이다.

분노를 알려주는 다른 징후 가운데는 폭발 직전에야 비로소 나타나는 것들도 있다. 예를 들면, 화가 삽시간에 울컥 치민다든가, 불현듯 잔인한 생각이 든다든가, 무시당하고 있다는 느낌이 든다든가 하듯이 말이다. 이러한 마지막 징후들은 산책을 하다 갑자기 쓰나미가 밀려오는 걸 봤을 때와 흡사한 느낌이다. 시간이 얼마 남지 않았다. 서두르

면 쓰나미가 덮치기 전에 간신히 대피소에 들어갈 수 있을 정도이다.

우선 마음을 가라앉혀라. 심호흡을 몇 번 한 후, 다른 사람을 공격하면 안 된다고 자신에게 상기시켜라. 자신이 욱해서 성질을 내지 못하게 막아야 한다. 만일 정말 참지 못하겠다 싶으면 즉시 사람들에게서 떨어져 휴식을 취하라.

무슨 일이 생기든 간에 절대 자신에 대해 포기하지 마라. 수치심에서 비롯된 분노는 반드시 조절할 수 있다. 자신에 대해 그리고 세상에 대해 더 좋은 감정을 가질 수 있게 끊임없이 노력하라. 장기적으로 봤을 때, 그게 욱하는 성질을 막을 수 있는 유일한 방법이다.

chapter 8

RAGE

버림받음에서 비롯된 분노

버림받을까 봐 두려운 여자

베티나는 40세로, 한 커다란 공장의 인사관리담당자이다.

"그만 징징거려. 총 내려놨잖아, 안 그래?"

결혼 카운슬링을 받으러 가는 이유를 애써 설명하려는 메이슨에게 베티나가 처음으로 내뱉은 말들이다. 메이슨은 지난 2년간 베티나가 사귀어온 남자이다. "그러긴 했지"라고 메이슨은 말한다.

"하지만 난 네가 정말 무서웠단 말이야. 미친 사람 같았어, 진짜 방아쇠를 당기는 줄 알았다고."

"그렇지만, 날 떠나겠다며"라고 베티나는 응수한다. 보아하니 베티나는 메이슨이 떠나겠다는 가능성을 비쳤으니 그걸로 자신은 어떤 행동을 취해도, 심지어 그게 살인이라고 해도 정당화될 수 있다고 생각하는 모양이다.

이미 예상했겠지만, 베티나가 메이슨과 사귀는 동안 이렇게 화를 낸 건 처음이 아니다. 그녀는 벌써 여러 차례 메이슨의 머리카락을 잡아당기고, 집에 들어오지 못하게 문을 걸어 잠그고, 집 밖으로 나가지 못하게 밖에서 문을 잠그고, 심지어 따귀를 때리고, 침을 뱉기도 했다. 게다가 베티나는 질투심도 강해서, 메이슨이 다른 여자를 힐끗거리기라도 했다가는 불구로 만들어버리겠다고 협박하였다.

그녀는 여러 여자들이 메이슨을 유혹하려 했다고 말한다. 하지만 베티나는 결국 항상 메이슨에게로 초점을 돌린다. 치마만 둘렀으면 무조건 꾀려고 덤빈다며 그를 탓한다. 메이슨이 베티나에게만 충실했고, 바람을 피우겠다는 생각조차 한 적이 없다는 사실은 그녀에게 별다른 의미가 되지 못했다. 그녀는 언제가 되었든 그가 바람을 피울 거라 굳게 믿고 있으며 "남자들은 어차피 다 똑같아"라고 말한다.

베티나는 누군가를 진지하게 사귈 때마다 이런 식이다. 그녀 스스로도 자신이 과도하게 불안해하며, 너무 많은 관심을 바라고, 지나치게 질투가 많아서 남자들을 질리게 한다는 것을 알고 있다. 그녀도 자기 스스로가 베티나 판 미저리가 되어버렸다는 것을 알면서도 멈추지를 못한다.

"저도 제가 이러는 게 싫어요. 제 행동 때문에 남자들이 질려서 떠나는 것도 알아요. 하지만 절대 혼자서는 못 살겠어요. 너무나 공허한걸요. 메이슨이 잠시 떨어져 지내고 싶다고 할 때마다 죽을 것 같아요. 처음에는 무섭다가 나중에는 화가 나요. 제가 홀로 남겨졌던 때와 배신당했던 때가 떠올라 분노가 치솟아요. 그러고는 미쳐버리죠. 마치 그가 제 과거를 보상해주길 바라는 것처럼 말이에요."

그렇다면 베티나는 언제부터 버림받을 것을 두려워하기 시작했을까? 그 시작은 아주 옛날, 그녀의 어린 시절이었다.

베티나가 기억하는 아버지는 자신이 7세 때 한 마디 말도 없이 짐을 챙겨 집을 떠나던 모습이 마지막이다. 아버지는 그 뒤 다시는 돌아오지 않았다. 그렇다고 그녀의 아버지가 그녀 인생의 일부였던 적도 없었다. 아버지는 베티나의 어린 시절 내내 며칠 혹은 몇 주 동안 집에 머물다 어디론가 떠나고, 또다시 예고 없이 나타났다 사라지기를 반복했다. 때로는 어린 베티나에게 모든 게 달라질 것이라고, 모두 함께 살게 될 거라고 약속했지만 결국 공염불일 뿐이었다. 베티나는 아버지의 거짓 약속에 몇 번인가 실망한 후 더 이상 그의 말을 믿지 않았다.

베티나의 어머니 역시 그녀가 의지할 만한 인물이 못 되었다. 어머니는 알코올의존자인데다 알코올의존자들에게만 반하는 성향이었고, 특히 베티나의 아버지가 완전히 집을 떠난 이후 그 증상이 더욱 심해졌다. 그 말은 곧 베티나 혼자 두려움에 떨며 밤을 보내야 하는 날이 많았다는 의미이다. 하지만 차라리 그 편이 어머니가 새벽 세 시에 술에 찌든 애인과 함께 들어오는 것보다 나았다. 그럴 때마다 베티나는 방문을 걸어 잠그고 자신의 방에 틀어박혔다. 희롱이나 공격을 당할까 봐 무서워서가 아니라 자신과 어머니를 보살펴주겠다는 '술에 취한 약속'을 다시는 듣고 싶지 않아서였다. 어차피 약속을 한 지 몇 시간 혹은 며칠 만에 떠날 사람들이었다.

베티나의 분노에서 뚜렷한 패턴이 보인다. 하지만 앞서 살펴봤던 분노와 다른 특징을 갖고 있다. 베티나는 육체적인 위험에 대해 걱정하지 않는다(생존성 분노). 물론 자신에게 통제력이 있다고 생각하는 것은 아니지만 상황을 변화시킬 힘이 없다고 생각하지도 않는다(체념성 분노). 그렇다고 수치심 때문에 화를 내는 것도 아니다(수치심에서 비롯된 분노).

베티나의 욱하는 성질을 촉발하는 진정한 원인은 두려움이다. 사실 공포라고 하는 편이 낫겠다. 바로 버림받을 것에 대한 공포이다. 버림받음에서 비롯된 분노는 버림받는 것, 배신, 냉대를 당할지도 모른다는 실제 혹은 상상 속의 위협 때문에 촉발되는 엄청난 분노이다.

버림받음에서 비롯된 분노는
어린 시절부터 시작된다

애착이론(Attachment Theory)의 아버지로 알려진 존 보울비는 20세기 당시 영국에서 활동하던 뛰어난 연구가이다. 그는 어린이들이 세상이 얼마나 믿을 만한 곳인지에 대한 강력하면서도 오래 지속되는 판단을 내린다는 사실을 발견했다. 쉽게 말해 비록 말로 표현하지는 못하더라도 다음과 같은 질문을 자신에게 한다는 것이다.

• 내 보호자들은 힘들 때 내 곁에 있어줄까?

- 나를 걱정한다는 사람들이 나에게 정말로 잘할까 혹은 못할까?
- 내 보호자들의 말을 얼마만큼 믿어야 할까?
- 내 보호자들은 얼마나 안전한가 혹은 위험한가? 나를 위험에서 보호하는가 아니면 그들 자체가 위험한 사람인가?
- 내 보호자들은 일관적인가, 변덕이 많은가?
- 내 보호자들은 끝까지 내 곁을 지킬 것인가 혹은 언젠간 나를 버릴 것인가?
- 내 보호자들은 나를 전적으로 조건 없이 사랑할까? 아니면 내가 눈 밖에 나는 말이나 행동을 하면 날 사랑하지 않게 될까?
- 사람들은 안전한 존재인가, 위험한 존재인가? 이 세상은 안전한 곳인가, 위험한 곳인가?

이 모든 질문들은 '나를 사랑하고 아껴야 할 사람들에게 얼마나 의지할 수 있을까?'로 요약할 수 있다.

놀랍게도 어린이들은 18개월만 되면 이 질문들에 대한 답을 거의 정한다. 보울비에 따르면, 그들은 현실 속에서 내적 작동 모형(Internal Working Model)이라는 것을 형성한다. 이 모형은 뇌 속에서 과자틀이나 템플릿 같은 역할을 한다. 일단 모형이 형성되고 나면 아이는 자신을 사랑하고 보살펴주는 사람이라면 자신의 모형이 예측한 대로 행동할 것을 기대한다. 즉, 베티나 같은 경우에는 이미 오래전에 아무도 믿어서는 안 된다는 결정을 내린 것이다. 적어도 자신을 믿으라고 말하는 남자들만큼은 절대 믿지 않기로 말이다.

234

베티나의 잠재의식에는 자신의 아버지처럼 남자들은 지키지도 못할 약속만 하다 결국 자신을 버린다는 생각이 박혀 있다. 그래서일까, 메이슨이 아무리 좋은 이야기를 해줘도 그 말들은 베티나의 마음에 닿지 않는다. 메이슨이 아무리 베티나만 사랑한다 해도 그녀에게는 전혀 의미가 없다.

아무리 메이슨이 믿음직스럽다 해도 그가 언제 자신을 배신할지 혹은 길 한복판에 버리고 갈지 모르는 일이다. 베티나는 자신만 사랑을 주고 있지, 받지는 못하고 있다고 생각한다. 그러니 당연히 무섭고 화가 날 수밖에 없다.

잠깐 앞서 등장하였던 질문들을 다시 잘 살펴보라. 신중하게 질문에 답하라. 머리로만 생각하지 말고 각 질문에 대해 어떤 느낌이 드는지를 생각하라.

마지막 질문인 '나를 사랑하고 아껴야 할 사람들에게 얼마나 의지할 수 있을까?'에 주목하라. 그 질문에 대한 답이 버림받음에서 비롯된 분노를 얼마나 쉽게 터뜨리는지와 밀접한 관련이 있다.

아이들은 호락호락하지 않다

우리의 첫 아이인 신디가 한 살이었을 때 나와 내 부인이 영화를 보러 갔던 날이 생각난다. 신디는 우리가 자신을 떼놓고 외출한다는 사실을 몹시 못마땅해했다. 처음에는 우리 쪽으로 자꾸 손을 뻗었는데 그게 안 통하자 얼굴이 빨개지더니 신디는 울며불며 악을 써댔다. 달랠 수도 없었고, 우리가 수용할 때까지 포기할 마음도 없는 것 같았다. 결국 보모가 그냥 가라고 해서 무거운 마음으로 집을 나섰다. 신디는 결국 우리가 떠나고 15분 뒤에야 드디어 울음을 그쳤다고 한다.

이 상황을 이해하기 위해서는 아이의 입장에서 사고해야 한다. 신디 또래의 아이들에게는 잠시 갔다온다는 개념이 없다. 그 의미가 무엇인지도 모르는 아이들이 어떻게 엄마 아빠가 몇 시간 뒤에 다시 돌아올 것임을 알 수 있겠는가? 게다가 갓난아이들이나 유아들은 성인 보호자의 도움 없이는 살아남을 수 없다.

아이들은 살기 위해 어른들을 자신의 인생에 포함시킨다. 그래서 보호자를 잃을 것 같으면 강력하게 항의하는 것이다. 하지만 아이들이 보호자를 잃었을 때 보이는 반응을 '항의'라고 한다면, 그것은 너무 약한 표현이다. 아이들은 실제로 분노를 터뜨리고 있는 것이다. 만일 이때 아이들의 감정에 말을 붙인다면 아마 다음과 같을 것이다.

"감히 어떻게 날 떠날 수 있어? 내가 죽든 말든 신경도 안 쓰지? 정말 미워. 증오해. 혐오스럽다고. 하지만 제발, 제발 돌아와. 엄마 아빠 없이는 못 살겠어."

이것이 버림받음에서 비롯된 분노의 토대가 된다. 베타나 같은 어른은 그 아이들과 같은 말을 하고 같은 감정을 느끼고 있다. 그들 역시 자신이 절실히 필요로 하는 사람을 잃었다고 항의하는 것이며, 엄청난 증오를 느끼면서도 한편으로는 절박한 마음으로 관심을 바라는 것이다.

　그렇다고 모든 어린이가 버림받을 수도 있다는 생각만으로 욱해서 분노를 터뜨리는 어른으로 자라는 것은 아니다. 베티나처럼 불안정한 환경 속에서 자란 어린이들이 주로 버림받음에서 비롯된 분노를 터뜨리는 어른으로 자란다.

관계 속에서 안정감을 느낄 때와 못 느낄 때

　"나는 다른 사람들과 금방 심적으로 친밀감을 느낀다. 나는 다른 사람이 나에게 의지하는 것도, 내가 다른 사람에게 의지하는 것도 편안하게 생각한다. 혼자가 된다거나 거절당할 것에 대해 걱정하지 않는다."

　이 말에 얼마나 공감하는가? 이 말들은 자신의 관계에 대해 비교적 확신을 갖고 있다거나 편안한 관계를 맺고 있다고 생각하는 사람들의 것이다. 인간의 애착 관계를 연구하는 학자들은 이 말에 전적으로 공감하는 사람들을 '안정형(Secure)'이라고 부른다.

　부모님(혹은 양부모, 조부모, 혹은 안정성을 주는 다른 누구라도) 가운데 한 분이라도 건강한 사고를 가진 안정적인 분이라면, 그리고 그분 밑에서 자랐다면 자신의 관계 속에서 비교적 안정감을 느끼고 있을 것이다. 즉, 사랑하는 사람들이 그렇게 금방 떠나지는 않을 거라는 믿음을 갖고 있다는 뜻이다.

안정형인 사람들은 기본적으로 상대방을 믿으며, 배우자와 몇 시간 혹은 그 이상을 떨어져 있어도 극심한 초조함을 느끼지는 않는다. 상대가 당연히 돌아올 것이라고 생각하기 때문이다.

안정형 사람들은 그 혹은 그녀가 자신을 인생의 일부로 받아들였다고 믿는다. 물론 때로는 질투나 불안감을 느낄 때도 있다. 하지만 약간의 확신('너무 걱정 마. 최대한 일찍 집에 갈게. 사랑해')만 심어주면 금방 다시 안정감을 되찾는다. 이러한 좋은 감정들은 배우자와 헤어질 때마다 큰소리로 항의하지 않아도 된다는 것을 의미한다. 욱하고 성질을 내지 않을 거라는 말이다.

여기 또 다른 글귀가 있다.

"다른 사람들과 정말 가까워지고 싶은데 다른 사람들은 내가 바라는 만큼 나와 가까워지고 싶어 하지 않는다. 나는 정말 친한 사람이 없으면 불안한데, 다른 사람들은 내가 그들을 생각하는 것만큼 나를 소중하게 여기지 않는 것 같아서 걱정이다."

이 문장은 자신의 인간관계에 지나치게 몰두하는 사람들의 생각을 나타내고 있다. 이들은 자신이 사랑하고 필요로 하는 사람들에게 버림받을까 봐 끊임없이 걱정한다. 항상 불안해하며, 자신의 배우자와 계속 연락을 주고받아야 한다는 부담감에 시달린다. 이들이 배우자를 위해 자주 부르는 노래는 '날 떠나지 마'이다. 또한 이들은 자주 관심을 갈구한다. 그렇게 이들은 때로는 보채듯이, 때로는 다그치듯이 관심을 요구한다. 배우자와 언제나 함께 있고 싶다는 이들의 욕구에 배우자들은 질식당한다.

이러한 생각들이 낯익지는 않는가? 얼마나 자주 이러한 행동을 보이는가? 자신의 인간관계에 얼마나 몰입하는 편인가?

그렇다면 이 문장은 어떤가?

"나는 다른 사람과 가까워지는 게 불편하다. 사람들과 가까운 관계를 맺고 싶지만 누군가를 전적으로 믿지도 못하겠고, 누군가에게 마음 편하게 기대지도 못하겠다. 다른 사람과 지나치게 가까워지면 마음을 다칠까 봐 걱정이 된다."

이 문장은 두려움에 빠진 사람들의 심리 상태이다. 이들은 거절당할 것을 가장 두려워한다. 이들은 처음에는 지나치게 깊은 관계를 맺지 않으려고 하지만 결국에는 푹 빠지고 만다. 이들 배우자들의 눈에는 이들이 한없이 약하고 상처받기 쉬운 존재로 보이는데, 그것은 이들이 여전히 언젠가는 배우자가 자신을 버릴 것이라고 믿기 때문이다. 자신은 '사귀고 싶은 사람(Keeper)'이 못 된다고 생각하는 것이다. 그래서 이들은 결별이라는 벼랑 끝에 서서 배우자가 자신을 벼랑 끝으로 밀어버릴 순간만 기다리며 산다.

이 겁 많은 사람들은 의심도 많다. 이들은 세상에 순수한 의도로 자신에게 충실한 사람이 있다는 사실을 납득하지 못한다. 이 같은 태도는 관계를 망가뜨리고, 안전하게 보호받고 있다는 느낌을 갖는 걸 사실상 불가능하게 만든다. 이들처럼 겁을 내고 있다면, 당신도 지나치게 두려워하고 있는 것이다.

나에게 가장 잘 맞는 애착 패턴은?

보통 사람은 한 가지 애착 패턴에 딱 맞기에는 너무 복잡한 성격을 갖고 있다. 그렇기 때문에 같은 사람이라 해도 상황에 따라서는 안정을 느낄 수도, 몰입을 느낄 수도, 공포를 느낄 수도 있다. 또 어떤 관계 속에서는 안정감을 느끼지만 다른 관계에서는 집착과 공포를 느낄 수도 있다. 하지만 일단 핵심이 되는 질문인 '진지한 관계를 맺기만 하면 지나치게 몰입하거나 공포를 느끼지는 않는지, 특히 지금 같은 순간에 그렇지는 않는지'에 주목해보자.

어떻게 생각하는가? 자신이 어떤 패턴에 가장 잘 부합한다고 생각하는가? 공포? 안정? 몰입? 당신의 배우자도 그렇게 생각하는가? 그녀 혹은 그에게 직접 물어보는 게 좋지 않을까? 어떤 사람들은 자신의 배우자에게 정말 몰입하고 있다는 소리를 듣거나, 두려워하고 있는 것 같다는 말을 들었을 때 안정감을 느낀다.

어떤 애착 패턴에 가장 잘 부합하는지 도저히 확신이 안 설 수도 있다. 그럴 때 사용할 만한 방법이 있다. 배우자와 일시적으로 헤어졌을 때 자신이 어떤 반응을 보일지 떠올려보라. 예를 들어, 배우자가 다음과 같은 말을 했다고 가정해보자.

"일주일에서 하룻밤 정도는 당신 없이 혼자만의 시간을 갖고 싶어."

항의를 하겠는가? ("말도 안 돼. 대체 혼자만의 시간이 왜 필요한 건데? 날 사랑하지 않는 거야? 다른 사람이 생긴 거야? 날 떠나려는 거지?") 비난을 하겠는가? ("그럴 줄 알았어. 너도 다른 사람들이랑 똑같아. 내가 어떻게 널 믿을 수 있겠어, 안 그래?") 아니면 자신의 괴로움에 휩싸여 배우자가 아무리 합리적으로 설명해도 전혀 받아들이지 못하겠는가? (배우자 왈 : "자기도 매주 두 밤은 쉬잖아. 난 일주일에 한 번 저녁 때 아이들에게서 좀 벗어나고 싶어서 그래. 그렇다고 내가 당신을 사랑하지 않는 건 아니잖아.") 그러다 자제력을 잃는가? ("널 증오해! 절대 용서 못해. 꼭 대가를 치르게 하겠어.") 결국 버림받음에서 비롯된 분노가 폭발하고 마는가?

여기 버림받음에서 비롯된 분노를 자주 경험하는 집착적이며 두려움이 많은 사람들의 특징이 있다. 당신은 이 가운데 몇 가지에 해당되는가?

- 과거에 버림받았거나 배신당했던 때를 생각하면 분노가 치민다.
- 질투가 너무 심해서 괴롭다.
- 자신을 소위 걱정한다는 사람들이 거짓말을 하고 있는 것임을 증명하기 위해 증거를 수집한다.
- 사랑하는 사람들로부터 냉대를 받거나 무시를 당하면 도저히 참을 수가 없다.
- 자신을 버리고 떠난, 냉대한, 배신한 배우자 혹은 옛 배우자들에게 복수하겠다는 생각에 집착한다.
- 내가 나의 배우자를, 자녀들을, 친구들을 훨씬 더 많이 사랑하고, 더 많이 챙겨주며, 그들에게 더 많은 관심을 쏟기 때문에 손해 보는 기분이 든다.

• 일단 누군가에게 화가 많이 나면 그 사람이 어떤 따뜻한 말이나 안심 되는 말을 하든 다 거짓말로 들린다.

집착과 공포를 자주 느끼는 사람이라면 아마 늘 불안한 상태일 것이다. 이 불안감은 결국 버림받음에서 비롯된 분노에 대해 취약해지게 한다. 그것은 자신의 마음 한구석에 배우자가 자신을 정말로 사랑할 리 없다고 말하는 목소리가 있기 때문이다. 자신의 불안감 때문에 끊임없이 상대방의 충실성을 의심하게 되는 것이다.

당신은 배우자가 떠날 기미라도 내비치면 즉각 큰 소리로 항의할 수 있게 늘 경계 태세를 갖추고 있다. 그런데 이 욱하는 성질이 끓어오르는 핵심 불평거리가 있다.

"왜 아무도 날 사랑하지 않는 거야? 왜 내가 안전하다는 느낌이 들게 보듬어주고, 진정시켜주지 않는 거야?"

버림받음에서 비롯된 분노에 취약하다면 이번 장이 그것을 예방하는 데 도움을 줄 것이다. 하지만 우선 무엇이 자신을 그렇게 두렵고 집착하게 만들었는지를 생각해 보라. 혹시 베티나처럼 정말 누군가 필요할 때 믿을 만한 사람이 곁에 아무도 없는 환경에서 자란 것은 아닌가?

부모가 부재하거나, 의지할 수 없거나, 예측 불가능한 존재가 되는 데는 여러 가지 이유가 있다. 병이나 질환 때문일 수도 있고, 알코올의 존이나 다른 의존 증세 때문일 수도 있다. 단순히 관심이 없거나 냉담할 수도 있고, 전쟁이나 직장 때문에 물리적으로 따로 살 수밖에 없는 경우도 있다.

무기력증 같은 심리 문제나 정신분열증 같은 정신 질환도 여러 원인 가운데 하나이다. 또 이혼이나 별거도 원인이 될 수 있으며, 한쪽 부모가 다른 쪽 부모를 못 만나게 하는 식의 갈 때까지 가버린 상황일 경우 특하나 그렇다. 이 밖에도 빈곤 역시 부모가 자식의 욕구를 충족시키기 어렵게 하는 요인 가운데 하나이다.

어린 시절부터 오랜 기간에 걸쳐 이런 문제를 경험했다면 상대적으로 안정된 환경 속에서 자란 사람들에 비해 불안감이 클 수 있다. 그런 사람일 경우, 자신이 사랑하는 사람이 자신을 떠날지도 모른다는, 정말로 떠나고 싶어 한다는, 그리고 조만간 분명히 떠날 거라는 두렵고도 괴로운 생각에 끊임없이 시달릴 것이다.

하지만 불안감을 키우는 건 어린 시절의 상처만이 아니다. 성인이 되어서 맺은 유익하지 못한 관계도 큰 영향을 미칠 수 있다. 실제로 거짓말을 하고 배신을 하고 도둑질을 해가려는 사람을 사랑하려 한다는 건 불안감을 낳는 공식이라고 할 수 있다. 한 관계에 대해 자신이 느끼는 감정은 가족 환경 외에도 자신이 여태까지 맺어온 모든 관계의 역사가 한데 섞여 형성되는 것이다.

어떻게 해야 덜 불안할까?

내가 여기서 '안정', '집착 · 몰입', '공포 · 두려움'이라는 단어를 사용했을 때는 존 보울비가 '내적 작동 모형'이라고 명명한, 세상에 대한 뿌리 깊은 감정을 말하는 것이다. (마지막 네 번째 애착 패턴은 각하이다. 각하를 하는 사람들은 관계를 잘 맺지 않는 편이다. 뚜렷한 각하 현상을 보이는 사람들은 버림받음에서 비롯되는 분노를 거의 겪지 않기 때문에 책에서는 이 정도만 언급하고 넘어가겠다.)

내적 작동 모형은 18개월 동안 자신이 앞으로 관계를 어떻게 인식할 것인지에 대한 개념을 형성하는 때이다. 이때 형성된 개념은 뇌에 깊고 굳게 뿌리내린다. 그러므로 집착이나 공포심이 있는 사람들은 며칠, 몇 달 심지어는 몇 년 동안이나 관계가 원활하게 풀렸다 해도 갑자기 안정감을 느끼지는 않는다. 같은 이유로, 안정적인 사람들은 배우자와 며칠 동안 사이가 나빴다고 해서 갑자기 불안감에 빠지지는 않는다.

하지만 다행히도 좋은 소식이 있다. 수많은 연구가 장시간에 걸쳐 차츰차츰 애착 패턴을 바꿀 수 있다는 결과를 내놓고 있다. 즉, 지금 아무리 불안해도 시간이 흐르면 자신을 더욱 좋아할 수 있고, 또 더 큰 안정감을 느끼며 관계를 맺을 수 있다는 희망을 가져도 된다는 의미이다. 희망은 버리지 않되 자신에 대해 무한한 인내심을 가지고 임하라. 분명 진정한 안정감을 찾을 수 있을 것이다. 비록 그 과정이 점진적이라 해도 조건만 적절하다면 내적 작동 모형은 바꿀 수 있다.

그러나 이것만큼은 단서로 달아야겠다. 아무리 안전하고 싶다 해도 실제 생활을 안전하지 않은 사람들과 한다면 계속 불안정한 상태로 있을 수밖에 없다. 신뢰를 하고 싶다면 신뢰할 수 있는 사람들과 어울려야 한다.

당신이 만일 버림받음에서 비롯된 분노로 고통받고 있다면 안정감을 인식하는 부분을 바꿔야 한다. 자신의 내면을 변화시켜 관계를 새롭게 바라봐야 한다는 것이다. 버림받음 때문에 오는 분노를 막기 위해서는 자신과 자신이 사랑하는 사람들에게서 더 큰 안정감을 찾는 방법밖에 없다.

버림받음에서 비롯된 분노를 막는 방법

여기 버림받음에서 비롯된 분노를 예방하기 위해 꼭 밟아야 할 일곱 단계가 있다.

1단계 : 버림받은 것에 대한, 거부당한 것에 대한 두려움을 언제, 어떻게, 왜 분노로 바꾸는지, 그리고 누구에 대한 분노인지에 대해 최대한 많은 정보를 모아라.

수치심에서 비롯된 분노와 버림받음에서 비롯된 분노는 분명 비슷한 점이 많다. 두 상황에서 모두, 겉보기에는 극도의 분노만 보이지만 그 아래에는 분노만큼이나 강력한 또 다른 감정이 숨어 있다.

수치심에서 비롯된 분노의 경우 수치심이 숨어 있으며, 버림받음에서 비롯된 분노의 경우 공포에 대한, 특히 버림받는 것에 대한 뿌리 깊은 인식이 자리하고 있다. 사건 현장(욱하는 성질이 폭발한 시점)에서부터 거슬러 올라가 욱하는 성질이 어떻게 다른 감정들을 숨기고 있는지 수사하라. 수사 활동을 제대로 펼치려면 최소한 다음 네 가지 질문에는 답해야만 된다.

누구에 대한 분노인가?

버림받음에서 비롯된 분노는 보통 우리가 사랑하는 그리고 인생에서 정말 필요로 하는 사람을 향해서만 일어난다. 우리는 그들이 없으면 살 수 없다고, 혹은 그들이 없는 인생은 살 가치가 없다고 믿고 있다. 그래서 분노의 대상이 되는 사람들은 흔히 배우자이거나, 전 배우자, 부모, 형제자매, 자식들, 가장 친한 친구들, 가까운 직장 동료들이다. 그러나 잘 살펴보면 자신이 남자에게만 혹은 여자에게만 욱하고 성질을 내고 있다는 걸 알게 될 것이다. 혹은 부모님을 연상시키는 사람들에게만 주로 욱해서 화를 낸다거나, 나이든 사람보다는 어린 사람들에게 분노를 터뜨린다든가.

자신이 분노를 터뜨리는 패턴을 잘 살펴본 후 어떤 사람들 곁에서 주의해야 할지를 파악하라. 다음번 분노에 대한 최고의 예측가는 예전에 경험했던 분노이다. 그러므로 다음 분노의 표적이 될 만한 사람은 예전에 욱해서 분통을 터뜨렸던 같은 사람일 가능성이 높다.

언제 분노를 터뜨리는가?

구체적으로 어떠한 사건이 욱하는 성질을 촉발시키는가? 어떨 때는 다른 사람 때문에 분노가 터지기도 한다. 예를 들어, 배우자의 잠시 혼자 있고 싶다는 말 한마디에 분노가 폭발하기도 한다. 하지만 자신이 혼자 머릿속에서 상상한 것, 예를 들어 배우자가 나와 떨어져 있고 싶어 한다는 생각 따위로 촉발될 가능성 또한 있다는 점, 명심하라. 아마 곧 뚜렷한 패턴을 찾을 수 있을 것이다.

한 예로, 배우자가 "잠깐 혼자만의 시간이 필요해"라고 말할 때마다 미쳐버릴 것 같다든지, 자기 스스로 "누가 나랑 같이 살고 싶겠어?"라는 생각이 들면 분노가 치민다든지 등의 패턴이 보일 것이다. 차츰 이러한 감정적인 문장이나 단어 혹은 생각을 중립화할 수 있는 방법을 찾게 될 테니, 일단은 수사 활동에 계속 집중해보라.

어떻게 분노를 터뜨리는가?

어떤 말을 내뱉는가? 어떤 행동을 하는가? 어떤 표정을 짓는가? 목소리도 바뀌는가? 땀도 흘리는가? 다른 사람을 때리거나, 밀치거나, 들이받거나, 목 조르지는 않는가? 욱하는 성질이란 워낙 압도적인 경험이기 때문에 분노를 터뜨리는 동안에 하는 말이나 행동을 모두 기억하지 못할 수도 있다. 그러므로 이 문제를 해결하기 위해서는 다른 사람에게 정보를 구해야 될 수도 있다. 만일 그러한 상황이 닥친다면, 지나치게 방어적으로 굴지 말고("내가 언제 그랬어! 난 절대 그런 짓 안 해!") 다른 사람의 이야기를 잘 들어보라.

왜 분노를 터뜨리는가?

이 문제는 가장 중요하면서도 가장 대답하기 어려운 질문이다. 답의 열쇠는 욱하고 성질을 처음 냈던 때로 돌아가 다음 질문을 자신에게 해보는 것이다.

"그 순간 무슨 일이 있었기에 내가 버림받았다고, 혹은 배신당했다고 생각했던 거지?"

다음 형식을 이용하라.

그가/그녀가 _____라고 했을 때, 나는 _____(버림받은 것 같다, 배신당한 것 같다……). 왜냐하면 _____ 때문이다.

혹은 나는 _____을/를라고 생각할 때마다 _____(버림받은 것 같다, 배신당한 것 같다……). 왜냐하면 _____ 때문이다.

여기 두 가지 예가 있다.

수지가 직장 동료에게 섹시해 보인다는 말을 들었다고 했다. 나는 수지가 그 사람과 사귀고 싶어할까 봐 위협을 느꼈고, 두려웠다.

수지는 새로운 헤어스타일이 정말 잘 어울렸지만, 그 생각을 하면 마음이 공허하고 약해졌다. 그녀가 일부러 다른 남자들에게 잘 보이려고 스타일을 바꾼 것 같다는 생각이 들어서이다.

분노를 부르는 이러한 생각들이 합리적이라고 생각하는가? 물론 말도 안 되는 생각들이다. 이 사람은 각 중립적인 사건을 연애를 위협하는 상황으로 바꿔놓고 있다. 버림받음에서 비롯된 분노가 있는 사람이라면 아마 이와 똑같은 반응을 보일 것이다.

2단계 : 아무리 질투 나고, 공허하고, 외롭고, 상처받고, 불안하고, 위험한 것 같아도 분노를 막기 위해 최선을 다하라.

깊은 불안감을 갖고 있는 사람은 말도 안 되는 것에도 질투를 한다. 그들은 배우자가 바람을 피우고 있다는 징후를 찾아내기 위해 몰래 지갑을 뒤지곤 한다. 터무니없는 비난을 하며, 자신만을 사랑한다는 증거를 대라고 끊임없이 요구한다. 하지만 이 세상에 그걸 증명할 수 있는 사람이 어디 있겠는가. 배우자가 아무리 안심시키려 해도 마음속에 있는 공허함과 절실함이 너무나 크기에 이들은 항상 불안하다. 마음속 깊은 곳에 자리하고 있는 자신은 '사귀고 싶은 사람'이 아닐 거라는 생각 때문에 늘 걱정하고 초조해한다. 그들은 항상 언젠가는 자신의 배우자 눈에 붙은 콩깍지가 벗겨져서 자신보다 나은 사람을 만나 떠날 것이라고 믿는다.

이 근본적인 불안감은 질투 어린 의심에서 어리석은 비난으로 변하여 결국에는 버림받음에서 비롯된 분노로 발전하게 된다. 질투가 심한 사람이라면 끊임없이 미행을 하고, 엿듣고, 따져 묻고, 말도 안 되는 죄를 뒤집어씌우고 싶은 유혹이 든다는 걸 잘 알고 있을 것이다. 절대 하지 마라. 자신을 막아야 한다.

모든 치유 과정에는 진실의 순간이 있다. 어떤 사람들은 그것을 '배짱 테스트(gut check)'라고 부른다. 이 순간을 이겨내려면 자기 안에 있는 모든 용기와 굳은 결의와 신념을 모아야 한다. 버림받음에서 비롯된 분노를 멈추려 할 때마다 '배짱 테스트'를 하게 될 것이다.

사랑하는 관계인 사람들은 사랑하는 사람을 두고 단시간이든 장시간이든 떠나야 하는 상황에 자주 직면한다. 다른 날보다 특히 불안한 날이면 사랑하는 사람이 담배나 신문을 사러 후닥닥 가게로 나가는 것조차 버림받음에서 비롯된 분노를 촉발시킬 수 있다. 그때 상대가 문을 열고 나가지 못하게 싸움을 걸고 싶은 유혹이 들 것이다.

하지만 아무리 불안하더라도 선택은 있다. 상대가 정말 질려서 떠날 때까지 계속 소리 지르고, 악을 쓰고, 징징거리며 매달리든지 아니면 아무리 불안하더라도 꾹 참고 욱하는 성질을 고치겠다는 굳은 결심을 지키든지.

글로 써놓고 보니 너무 쉬워 보이긴 하지만, 욱하는 성질을 버리지 않으면 모든 것을 잃게 되는데 누가 계속 그러고 싶어 하겠는가? 하지만 버림받음에서 비롯된 분노가 있다면 계속 폭발하고 싶은 욕구가 생길 것이다.

아마 결국 배우자가 버림받을지도 모른다는 당신의 공포를 자극하는 말을 하게 될 것이다. 언젠가는 그 사람의 사랑이나 충실함에 대한 의심을 증폭시키는 생각을 스스로 하게 될 것이다. 장애물은 분명 나타날 것이다. 하지만 이러한 장애물에 직면했을 때 공포에 무릎 꿇는 대신 자신의 인생에서 정말 중요한 게 무엇인지 되새겨보라. 폭발하지 않겠다는 약속을 꼭 지켜야 한다.

자신이 질투가 많은 사람이라면 특히 이 약속을 꼭 지켜라. 배우자에게 죄를 덮어씌우거나 자신이 공격하는 것을 합리화해서는 안 된다. 질투심에 굴복하면 질투심이 당신의 인생 전체를 망칠 것이다.

3단계 : 버림받음에서 비롯된 분노를 더욱 부추기는 불신을 자발적인 신뢰로 바꾸는 것을 핵심 목표로 삼아라.

나는 치료사로서 대체 원칙이 큰 도움이 된다고 생각한다. 그만두고 싶은 게 생기면 항상 그것을 대체할 무언가를 찾으면 된다. 예를 들면, 자기 스스로에게 "텔레비전을 덜 봐야겠어"라고 해보라. 그 말에다 "……대신 책을 읽어야겠군"이나 다른 재미있는 일을 찾겠다는 말을 붙이지 않으면 큰 효과를 거두지 못할 것이다.

대체할 거리, 교체물을 마련하지 않은 채 그만두면 진공 상태에 빠지게 된다. 인생에 텅 빈 공간이 생기는 것이다. 그 빈 공간은 보통 자신이 그만두려던 바로 그 일로 다시 매우게 된다. 대체 원칙은 생각뿐만 아니라 행동에도 적용시킬 수 있다. 새로운 접근법을 생각해내지 못하면 계속 기존 방식으로 생각하게 되는 법이다.

불신은 버림받음에서 비롯된 분노에 기름을 붓는 격이다.

'그는 날 배신할 거야.'

'그녀는 날 떠날 거야.'

'그들은 어차피 날 실망시킬 걸.'

'세상에 믿을 사람 하나 없어.'

이런 생각들은 버림받음에서 비롯된 분노를 촉발시키기 때문에 다른 생각으로 대체되어야 한다. 문제는 무엇으로 대체할 것인가,이다. 나는 그 답이 자발적인 신뢰라고 생각한다. 물론, 이를 이룩하기란 보통 어려운 일이 아니다. 당신의 뇌는 의심과 불신의 눈으로 사물을 바라보도록 잘 훈련된 상태이다. 아마 한동안은 믿음을 보이는 게 높은 언덕을 올라가는 기분일 것이다. 하지만 자꾸 하면 할수록 신뢰 어린 태도를 유지하기가 쉬워질 것이다. 당신은 결국 산 정상에 오를 수 있을 것이며, 유유히 즐기며 산을 내려올 수 있게 될 것이다.

- 나는 오늘 _____를/을 믿겠다.
- 이제부터 나는 _____를/을 믿겠다.
- _____에게 무죄 추정의 원리를 적용해주지 뭐.
- 다른 사람을 더욱 신뢰하고 싶어. 나는 다른 사람을 더 신뢰할 수 있어. 나는 다른 사람을 더욱 신뢰하겠어.
- 나는 예전보다 남을 더 신뢰할 수 있으며, 앞으로도 남을 더욱 신뢰할 수 있도록 노력하겠다.
- _____는/은 나를 사랑하고 나와 함께 있고 싶어해.

빈칸에 구체적인 사람을 적어넣어라. 그리고 이 가운데 몇 가지 생각을 골라 자신에게 자주 반복하라. 자신에게 적합하다고 느낀 생각을 고른 후, 본인 스스로 정한 것도 몇 가지 추가하라. 속으로 생각해봤을 때 '그게 퍽도 말이 되는 소리다'라는 생각이 절로 들면 적절치 못한 것이다. 되뇌었을 때 안도의 한숨이 절로 나오면 제대로 고른 것이다. 이 생각들은 당신이 안전한 세상 속에서 안전한 느낌을 받을 수 있도록 도와주며 무엇보다도, 버림받음에서 비롯된 분노를 막는 데 도움을 준다.

4단계 : 현재 자신이 발휘할 수 있는 신뢰에는 한계가 있을 것이다. 이를 두텁게 만들 수 있도록 과거에 믿었던 사람들을 떠올려보라.

내가 당신에게 예전에는 누구를 믿었냐고 묻는다면 뭐라고 답하겠는가? 친구? 6학년 때 담임선생님? 옛사랑? 엄마 혹은 아빠 아니면 양부모? 형제자매? 카운슬러나 사회복지사? 자신이 한때 몸담았던 폭력 조직의 친구 녀석들? 할머니나 삼촌? 지금껏 사는 동안 여러 사람을 믿을 수 있었다면 참 좋겠지만 단 한 명이어도 두 명이어도 좋으니 충분히 신뢰할 가치가 있는 사람이 있었길 바란다.

하지만 "아무도 없었다"라고 답한다면? 그것은 대답으로 인정하지 않겠다. 아마 분노를 터뜨리고 싶은 욕구를 정당화하기 위해 스스로 만들어낸 착각일 것이다. 누구나 인생을 살다 보면 짧은 순간일 뿐이었다 해도 믿을 수 있는 사람 몇은 만난다.

이제 자신이 신뢰했던 사람들에 대해 생각해보자. 그들은 어떻게 신뢰를 얻었는가? 당신에게 어떤 말을 했는가? 어떤 행동을 했는가? 약속은 지키던가? 밀어내려 해도 계속 당신 곁에 머물던가? 당신의 계속되는 의심에도 항상 신뢰로 답했는가?

이들은 신뢰할 수 있는 사람들이었다. 그 사람은 한 번이 아니라 반복적으로 당신이 그를 필요로 할 때마다 곁에 있어주었기에 신뢰를 얻은 것이다. 당신이 의지할 수 있는 사람이었다. 물론, 매번 의지할 수야 없었겠지만(어차피 그들도 인간이니) 충분히 자주 의지할 수 있었기에 신뢰를 얻은 것이리라. 이게 무슨 의미냐고? 소중한 사람들이 어김없이 신뢰를 저버리고 있는 마당에 일부 사람들이 잠깐 동안 믿을 만했다고 해서, 그게 어떻게 상처를 치유할 수 있냐고 묻고 싶은가? 다음과 같이 도움이 될 수 있다.

첫째, 자신은 운이 좋은 사람이며 과거에 좋은 판단을 내렸었다는 걸 보여준다. 한때 다른 사람을 믿었던 적이 있으니, 분명 다시 할 수 있을 것이다. 둘째, 이들은 당신이 인류 전체에 대한 희망을 버리지 않도록 해준 사람들이다. 즉, 당신이 사랑받을 수 있고, 안전하다는 느낌을 가질 수 있고, 무언가의 일부가 될 수 있다고 믿게 도와준 사람들이다. 그리고 무엇보다도, 어떤 유형의 사람을 찾으면 될지에 대한 지침을 마련해준다. 거짓 약속을 하는 사람과 약속을 지키는 사람을 구별할 수 있게 된 것이다.

신뢰는 버림받음에서 비롯된 분노를 막는 열쇠이다. 하지만 맹목적인 신뢰, 고지식한 신뢰는 금물이다. 진심으로 충실하고, 솔직한 사람들을 찾아 곁에 둘 수 있다는 믿음을 가져라. 그것이 지금 당신에게 진정으로 필요한 믿음이다. 그리고 그렇게 만난 이들은 아마 당신이 과거에 믿었던 사람들과 많이 닮은 모습일 것이다.

5단계 : 질투, 의심 그리고 불신 어린 말과 행동을 신뢰 어린 것들로 바꾸어라.

신뢰는 단순한 태도 이상이다. 그것은 자신이 하는 말과 행동의 모음이다. 만일, 버림받음에서 비롯된 분노로 고통받고 있다면 반드시 말과 행동을 바꿔야 한다.

이야기를 더 진행하기 전에 우선 신뢰에 대한 정의부터 살펴보자. '신뢰'의 유의어로는 분명함, 믿음, 신념, 자신감, 의지, 희망, 확신이 있다. 누군가를 믿는다는 것은 진심으로 그 사람이 자신의 편이라고 생각한다는 의미이다. 이 말을 믿으면, 자신이 의구심으로 차 있을 때도 상대방과의 관계에 대해 덜 불안해할 수 있으며 배우자의 사랑과 충실함에 대해서도 확신이 설 것이다.

욱하는 성질을 버리려면 신뢰 어린 태도를 취하는 것이 극도로 중요하다. 왜 그래야만 하는지 궁금하다면 베티나의 습관적인 불신이 그녀의 말과 행동에 어떤 영향을 미치고 있는지를 보라.

베티나의 불신에 찬 말들은 이렇다.

"여태까지 어디 있었어? 누구랑 이야기했어? 무슨 이야기했는데? 그 여자가 마음에 들어? 얼마나 마음에 드는데? 나보다 더 좋아?"

그녀는 또한 큰 소리로 예견한다, 다른 남자들처럼 메이슨도 자신을 떠날 것이라고. 그녀는 메이슨에게 자신은 너무나 많은 관심을 바라기 때문에, 그가 자신을 만족시키려고 애를 쓰다 지쳐버릴 것이라고 말한다. 베티나는 또한 메이슨에게 자신을 정말, 진심으로 사랑하는지 재차 묻는다. 그러다 메이슨이 마침내 사랑한다고 말하면 못 믿겠다고 해버린다. 이제 베티나의 불신에 찬 행동들을 예로 들어보자.

그녀는 메이슨이 다른 여자를 만나지 않는다는 것을 확인하려고 미행한다. 다른 여자들에게 전화를 걸어 메이슨에게 접근하지 말라고 경고한다. 그녀는 끊임없이 메이슨의 생각을 알아맞히려 한다. 그런 다음 메이슨에게 자신을 '떠날 생각을 했다'고 덮어씌우는 것이다. 그녀는 메이슨이 혼자 다른 곳에 나가지 못하도록 매일 저녁 집에 있게 할 구실을 만든다.

이 불신에 가득 찬 말과 행동의 결과는 무엇일까?

베티나는 "내 의심과 질투와 비난에 질려 남자친구들은 나를 떠났어요"라고 말한다. 하지만 더 큰 문제가 있다. 사람들은 의심할 수밖에 없다고 자꾸 자신을 합리화한다. 그래서 그녀는 불신 때문에 다른 사람을 쫓아버리는 말과 행동을 하고, 그것 때문에 결국 남을 더 의심하게 되는 악순환의 고리에서 헤어나지 못하고 있다.

그렇다면 어떻게 해야 다시 신뢰를 가질 수 있을까?

우선, 자신과 다른 사람을 특히 자신의 배우자를 더욱 신뢰하겠다는 굳은 맹세를 한다. 남을 불신하는 습관은 유익하지 못하며 필요 없는 것이라는 점을 꼭 기억하라.

둘째, 배우자에게 무죄 추정의 원칙을 지속적으로 적용해주어라. 이 말은 곧, 생사람 잡기, 말꼬리 잡고 늘어지기, 사랑한다는 증거를 보이라며 조르기 등과 같은 행동을 멈춰야 한다는 뜻이다. 어차피 필요 없는 질문을 해봤자 어떤 답을 듣든 불안감만 커질 뿐이니 아예 질문을 하지 마라.

셋째, 공포와 의심이 머릿속을 꽉 채우기 전에 자기 검열을 하라. 자신에게 "이런, 또 노이로제 생기겠다. 그 생각은 그만해야겠다"라고 말을 하면 큰 도움이 될 것이다.

넷째, 신뢰 어린 말을 개발하라. "난 널 믿어" 혹은 "넌 의지할 수 있는 사람이야"와 같은 말을 스스로에게 그리고 큰 소리로 하면 좋다. "난 널 믿고 싶어" 혹은 "넌 의지하고 싶은 사람이야"처럼 "난 널 믿어. 하지만……" 하고 단서를 달지 않았다는 점에 주목하라. 단서를 단다는 것은 사실 그 사람을 믿지 못한다는 것과 같은 말이다.

다섯째, 신뢰 어린 태도로 행동하라. 이를 위해서는 간단한 질문을 자신에게 해보면 된다. '마음에 신뢰가 있는 사람이라면 어떻게 행동할까?'라고 스스로에게 물은 다음 조금 어색하더라도 그에 따라 행동하라.

6단계 : 자신이 사랑받고 있으며 필요한 존재라는 것을 확인받고 싶을 때는 상대방이 주는 확신을 있는 그대로 받아들여라.

불안감은 버림받음에서 비롯된 분노가 있는 사람을 끊임없이 따라다니며 공포로 몰아넣는다. 그들은 자신에게 그리고 자신의 배우자에게 '내 배우자는 나를 진심으로 사랑할까'라는 질문을 시도 때도 없이 한다. 하지만 안타깝게도 이들의 귀는 '널 안 사랑해. 솔직히 넌 날 안 믿는 게 좋을 걸. 어차피 몇 달 있다가 떠날 생각이었거든. 하지만 그 전에 바람도 피고 너에게 돈도 뜯어내야겠지?'라는 말만 들을 수 있도록 훈련받아왔다.

그래서 '닐 세상에서 제일 사랑해. 너와 평생 함께 살고 싶어. 이 맹세 꼭 지킬게' 같은 사랑을 확인시켜주는 말은 거의 듣지 못한다. 설혹 들렸다 해도 즉시 '말은 누가 못하겠어. 누구나 그렇게 말하지. 차마 네 말은 못 믿겠다'와 같은 내면의 소리에 부딪힌다.

버림받음에서 비롯된 분노를 터뜨리는 경향이 있는 사람들은 누가 자신을 오랫동안 사랑할 수도 있다는 것을 잘 믿지 못한다. 버림받을지도 모른다는 두려움이 늦은 아침이 되도록 햇볕을 가리고 있는 안개처럼 드리워 있다. 이 안개는 머릿속에서 깔려 있다. 버림받음에서 비롯된 분노가 있는 사람의 안개는 작은 물방울 입자로 구성된 안개가 아닌 의심, 두려움, 분노, 그리고 자신은 보잘것없는 존재라는 생각들로 이루어진 것이다.

그렇다면 어떻게 해야 안갯속을 헤쳐나갈 수 있을까? 다른 사람이 주는 사랑과 확신을 더 잘 받아들일 수 있어야 한다. 그러기 위해서는 의식적으로 노력해야만 한다. 예를 들어, 상대방이 사랑한다는 말을 할 때마다 심호흡을 크게 하라. 그 말을 몸으로 받아들여라. 그 말이 마음 깊은 곳까지 닿을 수 있게 숨을 크게 들이마셔라. 그 말들이 의심 가득한 내면의 소리를 넘어 영혼에 다다를 때까지 잡고 있어라. 자신이 사랑받고, 존중받고, 받아들여지고 있다고 믿어라. 햇살이 비출 수 있게 안개를 거두어라.

가끔 한 번씩 사랑을 확인하는 것은 괜찮다. "나 진짜 사랑해?"라고 묻는 것은 이제 막 사귀기 시작한 단계에서는 지극히 자연스러운 질문이다. 일단 사랑을 확인받았으면 꼭 그것을 받아들여라. 포옹을 해줄 때 나무막대기처럼 뻣뻣하게 서 있지 말고 상대방의 몸에 팔을 감고 그 온기를 느껴보라. 혼자 있을 때면 자신은 사랑받고 있는 존재임을 상기하라. 머릿속에 상대방이 자신에게 애정 어린 태도를 보이는 모습을 기억해두라. 상대방의 말들을 되새기는 것이다. 따뜻한 포옹을 떠올려보라.

의심이라는 안개는 쉽게 걷히지 않는다. 얼마간 사라진 것 같다가도 다시 돌아올 수 있다. 그렇다고 용기를 잃지는 마라. 배우자가 사랑을 확인시켜줄 때 받아들이는 법을 배우면 훨씬 안정감을 느낄 수 있다. 불안정한 상태에서 상대적으로 안정적인 상태로 변하면 버림받음에서 비롯된 분노를 막는 데도 큰 도움이 된다. 하나 됨과 소중함을 느낄 수 있는 마당에 왜 버림받았다는 생각을 붙잡고 욱해서 화를 내는가?

7단계 : 과거의 무관심이나 거절, 배신 혹은 버림받은 기억 등의 고통스러운 감정에서 벗어날 수 있게 끊임없이 도전하라.

무관심   : 엄마는 마약에 빠져 우리를 돌보지 않았어.
버림받음 : 부모님이 이혼을 하셔서 아버지가 집을 나가던 날 가슴이 찢어질 것만 같았어. 아직도 납득할 수 없어.
배신   : 절대 날 두고 떠나지 않겠다더니, 날 할머니 댁에 버려두고 가버렸어.

무관심, 버림받음, 거절, 배신이라는 네 가지 상처는 사람들을 불안으로 몰아간다. 최근에 입은 상처도 무척 고통스럽지만 어린 시절에 받은 오래된 상처가 가장 고통스러운 것인 경우가 많다. 당신은 이러한 고통(너무 어렸을 때 받은 상처라 의식적으로 기억하지 못하는 것도 포함된다)을 통해 관계에 대한 인식을 형성하였다. 이렇게 형성된 인식은 오늘날까지도 당신의 경험을 걸러주는 필터 역할을 하고 있다.

무엇이 이 필터를 통과할까? 자신에게 무관심하거나, 자신을 버릴지도 모른다거나, 거부하거나 배신할 수 있는 가능성이 아주 조금이라도 보이면 필터를 지나간다.

그렇다면 필터에서 걸러지는 것에는 무엇이 있을까? 사람들이 자신에게 충실하거나, 자신을 진정으로 사랑할 수 있다는 증거는 아무리 명백한 것이라 해도 무조건 걸러진다. 그 결과 의심과 불신으로 점철된 왜곡된 세계가 형성된다. 누구도 신뢰할 수 없다.

인생에서 다음과 같이 관계의 종말을 예견하는 생각들이 단서처럼 끊임없이 따라붙는다고 상상해보라.

- 그는 나를 보살피고 싶대(하지만 결국에는 엄마처럼 술과 마약에 빠져서 내가 그를 돌보게 되겠지).
- 그녀가 나와 함께 살고 싶대(그래서 나중에 떠날 때 내 마음을 갈기갈기 찢어놓으려는 거겠지. 아빠 엄마가 이혼했을 때처럼).
- 그는 나를 완전히 이해한다고 했지(하지만 말도 안 되는 소리야. 어차피

나중에는 차라리 나 같은 건 아예 태어나지 말았어야 한다고 생각하게 될 걸. 엄마도 그랬으니까).

• 그녀는 언제나 내 곁에 있겠대(하지만 우리 부모님도 똑같은 소리를 하더니 날 할머니 댁에 버려두고 갔지).

당신은 사람들이 떠나지 못하게 하려고 분노를 터뜨린다. 당신의 분노는 과거 버림받았던 기억, 그리고 앞으로 버림받을지도 모른다는 두려움에서 나오는 항의이다. 당신은 어차피 언젠가는 자신이 소중히 여겼던 모든 사람들이 자신을 냉대하고, 버리고, 거부하거나 배반할 것이라고 믿는다. 욱하는 성질을 버리려면 그러한 사고방식을 버려야 한다.

앞서 설명한 6단계는 보다 신뢰 어린 태도로 생각할 수 있게 도와줄 것이다. 하지만 아직 가장 어려운 마지막 단계가 남아 있다. 과거의 악몽에서 벗어나야 한다. 어린 시절에 받았던 상처를 치유해야 한다. 단호하게 과거는 과거로 남겨야만 오롯이 현재를 살 수 있다.

각자 자신의 방법대로 영혼을 정화시켜야 한다. 여기에 과거로부터 자유로워질 수 있는 방법을 몇 가지 소개하겠다.

과거를 반복하며 살 운명을 타고나지 않았음을 믿어라. 자신에게 애정이 넘치고, 따뜻한 마음을 가진, 자신에게 진정으로 충실한 사람들과 함께 새로운 세상을 만들 수 있는 능력이 있다는 것을 믿어라. 삐딱한 마음을 갖고 있으면 욱하는 성질에 기름을 붓는 격이 된다. 이를 막기 위해서라도 세상은 좋은 곳임을 믿어야 한다.

오늘 자신의 삶에 속한 사람들은 과거에 알던 사람들과는 다른 사람들임을 날마다 스스로에게 상기시켜라. 이것은 꼭 지켜야 한다. 당신의 부인은 당신 어머니의 젊었을 때 모습이 아니다. 완전히 다른 사람이다. 남자친구가 아무리 아버지처럼 이른 나이에 대머리가 되었더라도 당신 아버지는 아니다. 당신의 아이들은 당신의 형제자매들의 축소판이 아니다. 각기 다른 성격을 갖고 있다.

일기를 써라. 일기 쓰기는 과거 애착의 상처에 대한 이야기를 쓸 때 더 효과적이다. 당시를 떠올리면서 분노와 아픔이 차오르는 것을 느껴라. 그다음, 사건이 당시에 어떻게 발생하였으며 어떻게 해야 자신이 마음을 비울 수 있을지에 대한 글도 써보라. 또한 일기는 자신이 현재 하고 있는 경험과 과거에 했던 경험이 가지는 차이를 볼 수 있게 도와준다. 자신이 이러한 문제를 잘 이겨낼 수 있도록 따뜻하고 안전한 환경에서 능숙한 카운슬러에게 테라피를 받는 것도 좋은 방법이다.

다른 사람을 더 깊이 신뢰하고 싶다는 바람을 자신이 기존에 믿고 있던 사람들에게 말하라. 어떻게 해야 남을 더욱 신뢰할 수 있는지를 배우고 싶다고 이야기하라. 특히, 자신이 현재 믿고 있는 사람들을 더욱 깊이 신뢰하고 싶다고 이야기하라.

과거에 자신을 거부했던, 배신했던, 버렸던, 냉대했던 사람들을 용서하라. 이 행위를 통해 그들이 자신을 따뜻하게, 애정 어리게, 혹은 친절하게 대했던 때가 있었음을 기억하라. 이 과정은 세상에 절대적으로 악하거나 선한 사람은 없다는 것을 깨닫게 해줄 것이다. 그리고 이 깨달음은 오늘 당신의 인생에서 중요한 부분을 차지하는 사람을 수용할 수 있게 도와줘, 결국 그들이 가끔 당신을 실망시키더라도 욱하고 성질을 터뜨리지 않게 도와준다.

종교나 영혼에 대한 탐구는 자신이 조절할 수 없는 것들이나 과거에서 벗어나는 데 도움이 되기도 한다. 또한 비뚤어진 마음 대신 고마움이나 고요함 같은 더 긍정적인 인식이 자리하는 데 도움이 된다.

버림받음에서 비롯된 분노는 파괴자이다. 그것이 자신을 그리고 자신이 사랑하는 사람을 파괴하지 못하도록 막아야 한다.

chapter 9

RAGE

모든 분노로부터
자유로운 삶

윌리의 성공담

40세가 된 윌리는 몇 년 전부터 내게 카운슬링을 받았다. 그를 처음 만난 날 그의 첫 마디는 "제 아내 페니가 집을 나갔어요. 다시 돌아오면 좋겠는데, 도와주시겠어요?" 였다.

페니가 왜 떠났을지는 다들 짐작할 것이다. 돌발성 분노를 터뜨리는 윌리는 욱하는 성질을 누그러뜨려야겠다는 생각조차 한 적이 없었다. 하지만 윌리는 부인을 진심으로 사랑했다. 그는 부인의 사랑을 되찾기 위해서라면 자신의 욱하는 성질 문제도 고칠 용의가 있었다.

물론 도움이 되기는 하겠지만, 의욕만으로는 욱하는 성질을 고칠수가 없다. 사실 윌리는 나를 만나기 전에도 분노를 터뜨릴 수 있는 상황에 놓였을 때 "아니, 터뜨리지 않겠어"라고 여러 차례 거절했다. 하지만 그는 또한 "그럴까나, 그래 분노 한 번 터뜨리지 뭐. 고맙다"라고 대답한 적도 여러 차례 있다.

266

가장 최근에 분노를 터뜨렸던 때는 윌리가 페니에게 집에 곧 올 거냐고 물어봤을 때이다. 페니는 대답을 망설였다. 윌리는 그날을 다음과 같이 설명한다.

"마음을 가라앉히려고 애를 썼죠. 침착해야 된다고요. 하지만 제가 듣고 싶은 말은 딱 하나였거든요. 페니가 머뭇거리며 당장 집에 오겠다고 말해주지 않아, 전 순간 이성을 잃었어요. 제 자신이 변하는 게 느껴졌지만 멈출 수가 없었어요. 솔직히 정말 멈추고 싶진 않았어요. 분노가 폭발했고, 전 마구 소리를 질렀죠. 당신은 아무하고나 뒹굴고 싶어 한다고 생트집을 잡았죠. 아는 욕이란 욕은 다 퍼부었어요. 제가 한 말도 다 기억나지 않아요. 다음 날 페니가 이혼서류를 보냈습니다. 제가 전날밤에 노발대발하는 것을 보고 마음을 굳혔다더군요. 그 순간 도움이 필요하다는 걸 깨달았어요."

그로부터 2년 후, 윌리와 페니는 화해했다. 나는 페니와 윌리 둘 다를 만났다. 그때 페니는 이렇게 말했다.

"윌리는 이제 욱하고 성질을 내지 않습니다. 여전히 별것 아닌 일로 화를 내긴 하지만 그럴 때조차도 비교적 침착한 편이지요. 이제는 대화를 나눌 수 있어요. 그는 진심으로 제가 하는 말에 귀 기울여요. 윌리는 화가 정말 많이 난다 싶으면 휴식 시간을 가져요. 그러다 마음이 진정되면 다시 돌아와 함께 문제를 풀어갑니다. 시간이 많이 걸리긴 했지만, 요즘은 그와 함께 있어도 거의 항상 안전하다는 느낌이 들어요."

윌리는 욱하는 성질을 막기 위해 열심히 노력한다. 처음에는 분노

가 난데없이 튀어나오는 것 같다고 하더니 이제는 초기 징후를 알아
차릴 수 있게 되었다.

그는 현재 항우울제를 복용하고 있다. 우울증세를 치료하지 않으
면, 그게 감정에 큰 영향을 줘서 결과적으로 분노가 더 잘 발생한다는
사실을 깨달았기 때문이다. 그는 편집증적인 생각을 버리기 위해 생
각 전환 연습을 한다. 운동도 하고, 카페인 섭취를 현저히 줄였으며,
'내 머리를 내가 조종할 수 있어야 된다'며 술을 완전히 끊었다.

그는 자신이 왜 페니를 존중하지 않는지를 이해하기 위해 자신의
어린 시절과 가족 관계에 대한 상담도 받았다. 게다가 윌리는 겸손하
다. 자신이 분노를 완전히 극복했다고 생각하는 순간 또 다시 분노가
찾아올지도 모른다는 것을 잘 알고 있다. 그래서 분노 관리와 예방에
대한 정보를 최대한 많이 모으려고 노력한다.

윌리는 요즘도 내가 성공비결이 무엇이냐고 물으면, 항상 동기부여
와 자신에 대한 믿음이라고 답한다.

"저는 스스로 욱하는 성질을 멈출 수 있다고 말했습니다. 저는 분노
를 막아냈습니다. 저도 드디어 남부럽지 않은 삶을 살 자격이 있다는
확신을 갖게 되었어요."

분노의 개념 재정리

지금까지 이 책에서 분노의 모든 영역을 살펴보았다. 이제 책에서 다룬 핵심 내용을 되짚어보자.

화가 지나치면 분노가 된다. 분노는 주체할 수 없이 화가 났을 때 발발한다. 쉽게 말해 분노는 우리가 평상시에 화를 조절하는 방식으로 대처할 수 없을 때 사용하는 응급조치인 것이다. 자신을 화나게 한 사람과 말은 안 통하고, 참으려고 해도 계속 화가 나고, 바람을 쐬어도 소용없고, 그 일을 생각만 해도 미칠 것 같고, 아무도 자신을 이해해주지 않고, 도저히 진정이 안 될 때, 전두엽에서 어떤 명령을 내려도 통하지 않을 때, 분노가 폭발한다.

분노는 변신이다. 끓어오르는 화가 폭발하는 동안에는 마음속에 있는 무언가가 변한다. 다음 세 가지 경우 중 몇 가지에 해당하는지를 통해 변화의 정도를 측정할 수 있다.

- 자신이 무슨 말이나 어떤 행동을 하고 있는지 이성적으로 인식하지 못한다.
- 자신이 마치 지킬 박사와 하이드 씨가 된 것처럼 일시적으로 성격이 변하여 다른 사람이 된 듯하다.
- 자신의 행동을 통제하지 못하고 평상시라면 조절했거나 조절할 수

있었을 법한 말이나 행동을 한다.

분노는 완전히 폭발할 때보다 부분적으로만 폭발할 때가 많다. 끓어오르는 화라고 해서 모두 폭발적인 것은 아니다. 대부분은 부분적으로만 통제력을 잃는 경우가 많다. 자신의 통제력을 극대화하려면 이러한 경우에 대한 정보를 최대한 많이 알아야 한다.

비폭발 분노가 자주 발생할 수 있다. 비폭발 분노는 이성을 잃고 화를 터뜨리기 일보 직전, 어찌어찌하여 막았을 때를 말한다. 이러한 경우를 자세히 살펴보면, 실제로 끓어오르는 화를 터뜨렸을 때와 겨우 참아냈을 때의 중요한 차이가 무엇인지 찾을 수 있다.

분노는 다양한 모습을 갖고 있다. 가장 큰 차이를 보이는 것은 돌발성 분노와 잠재적 분노이다. 돌발성 분노는 보통 경고 신호도 거의 없이 갑작스레 발발하지만 잠재적 분노는 수일, 수주, 수달 혹은 수년에 걸쳐 쌓인다. 돌발성 분노가 태풍이라면 잠재적 분노는 자신의 길을 가로막는 모든 것을 서서히 태워버리는 숯불과 같다.

분노는 화의 원인에 따라서도 나눌 수 있다. 생존성 분노는 자신의 생명에 위협이 되는 육체적 공격이 있었다는 믿음하에 자신을 방어하기 위해 취하는 행동이다. 체념성 분노는 자신의 인생에 있어 중요한 것들을 결정할 수 없다는 데에서 비롯된 깊은 무력감과의 싸움이다. 수치심에서 비롯된 분노는 의도했든 의도하지 않았든 자신에게 수치심을 안겨준 사람을 끝장내겠다는 마음이다. 버림받음에서 비롯된 분노는 누군가 자신을 떠나겠다는 위협에 대한 통제 불능의 항의이다.

분노 때문에 고민이라면 자신이 혼자가 아님을 기억하라. 전체 인구의 약 20퍼센트 가량이 끓어오르는 화, 즉 욱하는 성질을 조절하는 데 어려움을 겪고 있다. 보통 부분적으로 분노가 폭발하는 경우이긴 하지만 어떠한 경우이든 욱하는 성질은 위험한 것이며 치명적일 수도 있다.

분노가 폭발하지 않게 막을 수 있다. 분노는 예방이 최선이며 보다 나은 삶을 살기 위한 열쇠이다. 대부분의 경우 잠시 마음을 진정시킬 시간을 갖거나, 다른 분노 관리 프로그램을 통해 화가 폭발하는 것을 막을 수 있다. 또한 뇌가 이성을 잃고 통제불능 상태가 되지 않도록 약을 복용하는 것도 좋은 예방법이다.

각 분노는 유형에 따라 조금씩 다른 치료법을 요한다. 이 책은 여섯 가지 서로 다른 유형의 분노를 살펴보며 각 유형마다 분노를 다스리기 위한 방법을 제시하였다. 이 방법을 주의 깊게 연구해야 하며 이것 외에도 분노를 조절할 수 있는 다른 좋은 방법도 찾아야 한다. 이과정을 혼자 해나갈 자신이 없다면 가족, 친구, 전문 카운슬러, 의사 등 주위 사람의 도움을 요청하는 것도 좋다.

중요한 것은, 욱하는 성질을 막을 수 있다는 것 그리고 그러한 습관을 버리고 완전히 새로운 삶을 살 수 있다는 것이다.